华南理工大学中央高校基本科研业务费专项资金（PTJS202215）资助

华南理工大学广东地方法制研究中心 ◎ 主办

地方法制评论

第 7 卷

葛洪义 ◎ 主编

李旭东　朱志昊 ◎ 副主编

·广州·

图书在版编目（CIP）数据

地方法制评论. 第7卷 / 葛洪义主编. —广州：华南理工大学出版社，2022.8
 ISBN 978-7-5623-7141-0

Ⅰ.①地… Ⅱ.①葛… Ⅲ.①地方法规-中国-文集 Ⅳ.①D927-53

中国版本图书馆CIP数据核字（2022）第157369号

Difang Fazhi Pinglun（Di 7 Juan）

地方法制评论（第7卷）

葛洪义　主编

出 版 人：柯　宁
出版发行：华南理工大学出版社
　　　　　（广州五山华南理工大学17号楼，邮编510640）
　　　　　http://hg.cb.scut.edu.cn　E-mail：scutc13@scut.edu.cn
　　　　　营销部电话：020-87113487　87111048（传真）
策划编辑：王　磊
责任编辑：付爱萍
责任校对：王洪霞
印 刷 者：广州市人杰彩印厂
开　　本：787mm×960mm　1/16　印张：11.75　字数：203千
版　　次：2022年8月第1版　2022年8月第1次印刷
定　　价：48.00元

版权所有　盗版必究　　印装差错　负责调换

目 录

001	"有几条立几条"的理论争议与实践问题之解决 /钱大军 孙嘉阳
016	个人信息保护中"隐私/非隐私"二元分类的司法实践 ——基于948份判决书的实证研究 /冯健鹏 刘阳玲
033	缇萦救父释疑:汉文帝废肉刑之际的央地政治关系 /杨源哲 沈玮玮
047	宪法整合视域下社会监督的双重功能 /谢郁
064	从"参考"到"依据":论重大行政决策听证中听证事实的效力 /杨仕武 卢鹏
084	从政策文本到实践展开:地方性知识视角下的省域法治政府建设示范创建 /方学勇 龙飘飘
111	国内企业IPO境外实体法律尽调如何操作 /章少辉
121	区域法治研究综述 /邵彭兵
137	辅助性原则在中国的展开 ——读李旭东著《当代治理理论:辅助性原则研究》 /於兴中
140	官员考评:从考评官员到考评权力的新定位 ——读《我国地方官员考评制度研究》有感 /彭辉

147 追问"后经学时代"的文化性质
——从高瑞泉教授《中国现代精神传统——中国的现代性观念谱系》一书说起 / 魏敦友

153 体制内外谈法治:王学堂律师访谈录
／受访人:王学堂　整理:蒋炎峰

169 央地立法审查的应然视阈 / 甘雯

"有几条立几条"的理论争议与实践问题之解决

钱大军　孙嘉阳

【内容摘要】 自 21 世纪初开始,执行性地方性法规立法重复问题就一直成为立法实务界和学界关注的难题。学界学者们针对这一现状进行了原因分析并提出了相应的解决措施,有学者对"大而全"的立法模式进行探究,提出了"有几条立几条"的立法模式。这一立法模式在理论与实践层面仍存在争议。这一立法模式的核心——"有"的判断,不仅包括细化性条文,同时也应该包括"必要性重复"的条文,例如总附则条文、与细化性条文相关联的条文。在其实践过程中,首先,不论是立法机关还是运用法律的机关和民众,都要将"有几条立几条"的地方性法规与上位法相结合。其次,立法机关应正确理解"细化"的含义。再次,立法机关应将细化的地方性法规与上位法连接起来公布及不能对"有几条立几条"进行字面化的理解而追求立法的"极简化"。

【关键词】 有几条立几条　执行性地方性法规　立法重复

一、引言

执行性地方性法规与上位法重复问题,一直以来都是立法实务界和学界学者所关注并尝试解决的立法难题。[1] 地方性法规立法重复对法律体系、法律规范权威性、法律发展均会产生严重的负面影响[2],使得研究者不得不将

---

[1] 笔者查阅"地方性立法重复"的相关学术论文发现,自 21 世纪初至今,学界一直在针对"地方性立法重复"进行研究,例如孙波:《试论地方立法"抄袭"》,汤善鹏、严海良:《地方立法不必要重复的认定与应对——以七个地方固废法规文本为例》,俞祺:《重复、细化还是创制:中国地方立法与上位法关系考察》等。

[2] 孙波:《试论地方立法"抄袭"》,载《法商研究》2007 年第 5 期,第 5-6 页。

目光聚焦于此。虽然各地立法机关的立法规范[①]以及我国《立法法》[②] 都将地方立法的"不重复"原则纳入其中，但立法重复的问题在一定程度上仍然存在。因此很多学者主张"有几条立几条"的立法模式，通过加强地方性法规中条文的"地方性""可操作性"以及"针对性"，排除"号召性""倡导性"条款[③]、抛弃"大而全"的立法模式来精简、精细执行性地方性法规，实现对地方性法规立法重复这一现象的解决。

虽然，纵观各地当前的执行性地方性法规，很多地方立法机关已经开始将重心聚焦于结合地方实际细化上位法法条，但"有几条立几条"这一立法模式在理论上与实践操作上仍存在着一定的争议与问题。例如，学界对于"有几条立几条"的立法模式在运用的范围、包含的内容等方面并没有达成统一，而仅仅只是在大原则上达成共识等。因此，对于"有几条立几条"的立法模式应该怎样达成理论上的统一，如何解决实践性问题，则成为本文讨论的焦点。

本文的第一部分将介绍"有几条立几条"立法模式提出的背景；第二部分则从理论角度出发，分析当前"有几条立几条"所适用的范围、包含的内容所涉及的学界争议，并提出解决途径；第三部分将从实践方面，提出"有几条立几条"立法模式所需关注和解决的实践性问题。从而，形成"有几条立几条"立法模式的新架构。

二、"有几条立几条"立法模式的提出背景

我国《立法法》第七十三条第一款第一项规定"地方性法规可以就下列事项作出规定：（一）为执行法律、行政法规的规定，需要根据本行政区域的实际情况作具体规定的事项……"。因此，执行性地方性法规的唯一目标就是"根据本行政区域的实际情况"在不抵触上位法的同时制定"具体

[①] 例如，《浙江省地方立法条例》（2016）第三条第三款规定："地方立法应当采用适合体例，一般不重复上位法的规定，用语简约、规范。"《吉林省地方立法条例》（2017）第五条第二款规定："地方立法设定的法律规范应当明确、具体，具有针对性和可执行性。对上位法已经明确规定的内容，一般不作重复性规定。"《甘肃省地方立法条例》（2017）第三条第二款规定："（二）不重复原则。解决实际问题，不与上位法重复。"
[②] 根据2015年的修订，《中华人民共和国立法法》将"不重复"原则纳入第七十三条第四款，即"制定地方性法规，对上位法已经明确规定的内容，一般不作重复性规定"。
[③] 曹众：《地方立法不妨有几条立几条》，载《山东人大工作》2016年第4期，第52页。

规定的事项",对上位法进行细化与补充,更好地实施上位法,解决地方规则需求问题。因此学界之所以关注"地方性法规立法重复"这一现象,其重要原因也就在于执行性地方性法规缺乏"地方性""可操作性""针对性",导致法条要么成为"中看不中用的形式主义立法"[1],要么与地方实际脱轨[2]。导致地方性法规缺失这"三性"的原因,也构成了执行性地方性法规立法重复的原因,成为学者们研究的焦点。当前研究中学者们已从规范、制度以及立法机关自身方面对原因做了较为全面的分析,例如在规范方面,可包括对《立法法》中"不重复"原则条文的规定缺乏可操作性[3]、中央与地方的立法权限划分不明晰[4];在制度方面,可包括立法重复审查机制和立法规划协调机制的缺失[5]、地方立法信息获取的缺陷[6]等;以及在立法机关自身方面,包括立法机关"政绩工程"的心理[7]、创新意识不足以及有些立法人员缺乏立法经济学常识[8]、立法机关人员队伍不完善[9]等,但论述较为分散而多元,我们可以发现,如果仅从这些方面进行改善,并不能从根本上或者从立法程序的前端来解决立法重复的问题,如果立法机关人员均保持着"大而全"的立法模式思维,这些改善也将无法真正做到对上位法法条的不重复。因此,学者们在解决措施中不约而同地提出"有几条立几条"的立法模式,企图通过立法模式的调整反过来敦促立法机关发挥自身的能动性与积极性来增加法条的"三性",从而解决执行性地方性立法重复的问题。

---

[1] 王春业:《设区的市地方立法权运行现状之考察》,载《北京行政学院学报》2016年第6期,第85页。
[2] 曹众:《地方立法不妨有几条立几条》,载《山东人大工作》2016年第4期,第52页。
[3] 肖少启、张保红:《地方科学立法的实践困境与路径选择——以广东为例》,载《学术论坛》2017年第5期,第40页。
[4] 赵静波:《地方立法特色的缺失及其规制》,载《地方立法研究》2017年第2卷第6期,第83页。
[5] 汤善鹏、严海良:《地方立法不必要重复的认定与应对——以七个地方固废法规文本为例》,载《法制与社会发展》2014年第4期,第164-165页。
[6] 赵静波:《地方立法特色的缺失及其规制》,载《地方立法研究》2017年第2卷第6期,第84-85页。
[7] 赵静波:《地方立法特色的缺失及其规制》,载《地方立法研究》2017年第2卷第6期,第85页。孙述洲:《地方立法重复的反思——以4省市人大消费者权益保护立法为例》,载《人大研究》2016年第3期,第30页。吴玉姣:《设区的市地方立法趋同化探讨》,载《民间法》2018年第1期,第288页。
[8] 任尔昕、宋鹏:《关于地方重复立法问题的思考——正确理解并遵循立法的科学原则》,载《法学杂志》2010年第9期,第91页。
[9] 吴玉姣:《设区的市地方立法趋同化探讨》,载《民间法》2018年第1期,第288页。

但是，即便提出了"有几条立几条"这一立法模式，由于对于"有几条立几条"的立法模式的规范和界定仍然不明晰，学界亦没有形成清晰的立法模式架构，在实施和运用的过程中立法机关仍充满疑虑。因此，为了解决这一模式界定的模糊性，我们必须更细致地考察"有几条立几条"立法模式的概念、包含的内容，以及实践中应该选择的技术策略和应注意的问题。在这一过程中，我们还需借助"立法重复"的概念、分类，对"有几条立几条"的相关问题进行论证，探究"有几条立几条"的立法模式是怎样从现有的立法模式的问题中脱离出来，形成特定模式的。

三、"有几条立几条"立法模式的概念及内容界定

对"有几条立几条"的概念界定可以说是划定什么样的执行性地方性法规的条文可以被纳入"有"这个范围的重要标准。有学者在研究中将其定义为"指在地方立法中不违背上位法，不照搬上位法，不片面追求体例完美，不贪大求全，根据本地实际，突出本地特点或者民族特色，规范和调整本地事务，最终成熟几条定几条"[1]。而其他学者也有类似的定义[2]。其意思是，我们不需要追求体例，只要我们细化了几条、成熟了几条就是"有"了几条，我们就可以立几条。但是，"有几条立几条"的立法模式是否要求我们只限于字面化理解"成熟几条定几条""根据地方性细化几条就立几条"？这样的理解是否真的能够更好地解决地方性问题，便于相关机关和人们的理解和运用呢？

其实这个"有"字从语义分析的角度看，不仅仅单指"细化了几条、成熟了几条"，还可以有其他的解释。"细化了几条、成熟了几条"实际上是表示客观存在意义上的、与"无"相对的"有"，即客观上已经存在与地方实际相符合的执行性法条。但是还有更容易为地方立法机构接受的解释："有"也可以指地方治理中的规则需求，"有几条立几条"就是指需要几条制定几条，那么凡是能够满足地方治理功能的法条都可以计算在内。如果采用扩大解释，那么凡是为地方社会治理需要而细化或者选择的规则都属于"有"的范围。在地方立法机关的角度，单纯采用严格的"有几条立几条"

---

[1] 曹众：《地方立法不妨有几条立几条》，载《山东人大工作》2016年第4期，第52页。
[2] 简松山：《地方立法应提倡有几条立几条》，载《人大研究》2007年第10期，第31页。

的立法模式，会有如下的问题：首先，在立法的过程中，作为审议和表决人员的常委会组成人员多数都不是具有法律职业背景的专业人员，因此他们在没有看到法规全貌的前提下，面对寥寥几条的法条很难理解法规的全部体系性内容，甚至会提出很多针对已经规定于上位法中的内容的质疑及意见；其次，受众只能看到执行性地方性法规的片面样貌，当然也就难以理解全部的规则，同样也会产生质疑。此种质疑最终会降低对地方立法的认可，所以地方立法机构不得已就会构建一个全面的"体系"性法律条文供审议人员和受众理解并接受。

所以在研究"有几条立几条"时不应该将其局限于字面上的意思，在纳入细化法条的同时，还应当考虑一些能够支撑细化法条存在并为其提供合理性的必要的立法体例及内容以及法条之间的必要关联，以实现地方治理过程中的"法规需求"。对上位法的细化当然是"有几条立几条"的法条内容，但是那些并没有进行细化的法律条文，我们是否应当全部剔除，哪些是可以更好地服务于增强法条"地方性""可操作性"和"针对性"而不必抛弃的，则是这一部分应当关注的问题。

要分析这一问题，就要首先从"立法重复"这一概念入手，其不仅引出了"有几条立几条"的立法模式，也是立法机关重复上位法的表现。

"立法重复"作为"细化"的对立面，可以概括为"没有结合地方性实际问题对上位法法条中概念、行为、责任等方面进行细致化规定，而只是字面或实质上复制上位法表达的一种立法行为"。其包括两个方面，即立法的"非必要性重复"与"必要性重复"。而"一个法条的重复在本法规中是否必要"则是这一分类划定的重要标准，其不仅可以在《立法法》、立法机关的相关文件中找到支持依据，而且也符合我国当前的立法现状。首先，《立法法》第七十三条第四款规定，"制定地方性法规，对上位法已经明确规定的内容，一般不作重复性规定"。因此，除非必要，上位法已经明确的内容，在地方性法规中应不再做重复性规定。同时，"非必要性重复"这一用词的相似表述也在全国人大常委会法制工作委员会《立法法释义》一书中有所体现。① 再者，由于我国地方立法主体扩容以来，地方立法权逐渐成为解决地方特殊矛盾问题，发挥地方积极性、特殊性、延伸性与相对独立性的重要制度保障，地方立法机关应该发挥根据地方性特点对上位法的规定进行"细化""补充"的功能。② 而我国一些地方性法规并没有对上位法进行细化、补充，只是脱离实际地照搬照抄，失去了地方立法的意义。

因此，根据上述的分析，我们应该明确，判断一个法条是否是"必要性重复"应当采取两个步骤：第一，应当考察该法条的内容、表述是否是对上位法的重复、复制，是否是"下位法法条无实质性修改上位法法条"。其中对于"无实质性"的理解，笔者认为，不光要看其字面的表述，更应当看其表达的意思，即使是换了词语表达，如果仍然没有结合本地实际进行细化，只是"打打样子"，那么这样的法条我们也将其视为重复性的③。而第二，如果这一法条的内容和表述与上位法相同，则判断这一重复是否是必要性的，是否有助于增加法条的"地方性""可操作性"与"针对性"——是否有助于细化性条文的理解、运用和表达。而这两个步骤中，后一个步骤不仅是区分"非必要性重复"与"必要性重复"的关键，同时也是"有几条立几条"应该包括哪些除细化外条文的关键。

对于如何界定"下位法法条无实质性修改上位法法条"，在学界已经有大量的讨论与分类，不同学者对其表现形式的划分与赋名呈现多样性，例如汤善鹏、严海良将其分为四类：完整重复和部分重复、直接照搬和肢解拼凑、明显重复和隐性重复、主动重复和被动重复。④ 黄锴则把主要的重复情形区分为复制式重复、组合式重复、修饰式重复三种。⑤ 孙波则认为其可以

---

① 全国人大常委会法制工作委员会特别进行了补充说明："为了充分体现地方性法规的地方性，地方性法规的内容应适应地方的实际情况，解决本行政区域的实际问题，有针对性地立法。哪些方面需要规定就规定哪些方面，不要构筑体系，对法律、行政法规的规定不要作不必要的重复。"全国人大常委会法制工作委员会国家法室：《中华人民共和国立法法释义》，法律出版社2015年版，第239页。
② 汤善鹏、严海良：《地方立法不必要重复的认定与应对——以七个地方固废法规文本为例》，载《法制与社会发展》2014年第4期，第158页。
③ 汤善鹏、严海良：《地方立法不必要重复的认定与应对——以七个地方固废法规文本为例》，载《法制与社会发展》2014年第4期，第161页。黄锴：《地方立法"不重复上位法"原则及其限度——以浙江省设区的市市容环卫立法为例》，载《浙江社会科学》2017年第12期，第37页。
④ 汤善鹏、严海良：《地方立法不必要重复的认定与应对——以七个地方固废法规文本为例》，载《法制与社会发展》2014年第4期，第158页。
⑤ 黄锴：《地方立法"不重复上位法"原则及其限度——以浙江省设区的市市容环卫立法为例》，载《浙江社会科学》2017年第12期，第40页。

被分为直接照抄、简单拼凑。①

但不论各个学者如何命名，对于字面重复的判断都呈现一定的共性，即按照行为本质进行划分，具体可总结为以下三类：（一）在文字上完全或部分复制了上位法的规定；（二）改动了用词但仍等同于原词表达，并未进行细致化规定；（三）仅把上位法的条文进行拆分或者组合，且并未细致化规定。

而对于第二步骤中对一则法条的"必要性"判断，虽然有学者提出过类似的判断标准，例如李林在《走向宪政的立法》中"必要且合理"的定义②，具有一定的参考性，但由于定义规定得较为原则化导致这个判断标准存在一定程度的模糊性。且在当前研究中学者们对于"必要性"的判断也存在一定的争议。我们根据上文分析可以发现，不论学者们纳入何种不同的因素来判断"必要性"，其都存在一个核心标准就是一则条文的重复是否对增加条文的"地方性""可操作性""针对性"来说是必须的——是否有助于细化条文的理解、运用、表达。因此，对于当前学者们对应当将哪些因素纳入"必要性"判断标准的考量的争议也可以根据这一核心标准来进行界定和解决。

（一）结构与体例的重复是否属于"必要性重复"？

有些学者认为，结构与体例上的重复也属于重复的范畴，且应当将其纳入"非必要性重复"的范围③，认为"每件法规和规章都必须与上位法以及其他地方法律文件保持一致，都要有总则、附则、法律责任等内容，结果造成结构上的雷同"。④ 然而，有些学者则考虑到结构的完整性与逻辑一致性需

---

① 孙波：《试论地方立法"抄袭"》，载《法商研究》2007年第5期，第4页。
② 对"重复立法"的判断中认为"必要而合理"是指：（1）作为下位法的立法依据而引用上位法的有关条款；（2）作为下位法的适用依据或适用条款而引用上位法的有关规定；（3）上位法规必须由下位法援引规定的内容。以量来表示，一般以不超过法律文本总字数的20%为宜。转引自孙波：《试论地方立法"抄袭"》，载《法商研究》2007年第5期，第3页。李林：《走向宪政的立法》，法律出版社2003年版，第222页。
③ 孙波：《试论地方立法"抄袭"》，载《法商研究》2007年第5期，第4页。任尔昕、宋鹏：《关于地方重复立法问题的思考——正确理解并遵循立法的科学原则》，载《法学杂志》2010年第9期，第90页。
④ 孙波：《试论地方立法"抄袭"》，载《法商研究》2007年第5期，第4页。

求①，认为其应当归为"必要性重复"之中。还有的学者认为，"法律文本结构是相对固定的，好的形式结构有助于内容的展现，对于同一领域或类似选题的立法，其结构上的重复不仅在所难免而且合理正当"②。

在此，笔者认为，总则、附则、法律责任等结构中的内容在一个法规中的存在具有必要性，但结构本身并不具有一定的必要性。在立法机关制定一项地方性法规的过程中，制定法规内容很重要，但制定中运用的立法技术，即法的内容的结构构造问题（总则、分则、附则）以及法的条文编排组合问题③同样也有着举足轻重的作用。法的总则、分则、附则从结构上来说是法的内容的不可或缺的三个部分，其中法的总则是法的正文中对法具有纲领性和统帅性的法的条文的总称，是法律的"理论基础"，具体法律条文的"根源"。④ 其凝结着法律制定的精神和灵魂，对法条的上述"三性"虽然只具有间接影响，但为其奠定了根基。总则的内容主要包括立法依据、立法目的、立法原则、适用范围等。上位法总则中除上述四项外的其他内容，例如各级机构的职责⑤，如果执行性地方性法规对其并没有细化的情况下，笔者认为不必进行重复规定。再者，法的附则不同于法的附件，其存在对总则和分则的有效实施具有重要的意义。⑥ 其主要包括相关名词、概念的定义、本法解释权的规定、本法生效、实施、废止时间等内容。因此，总则和附则是一项法律所必须的内容，但是，对总则和附则的必要并不意味着其结构必须体现在每一个法律当中，例如有的法律直接明示总则，而有的则将总则的内容置于法正文的前几个条文进行呈现，⑦ 附则的表现形式亦同。因此对于总则和附则乃至明晰行为责任的法律责任的必要性并不在于结构，更重要的是其内容的必需性。

---

① 黄锫：《地方立法"不重复上位法"原则及其限度——以浙江省设区的市市容环卫立法为例》，载《浙江社会科学》2017 年第 12 期，第 40 页。汤善鹏、严海良：《地方立法不必要重复的认定与应对——以七个地方固废法规文本为例》，载《法制与社会发展》2014 年第 4 期，第 158 页。
② 赵静波：《地方立法特色的缺失及其规制》，载《地方立法研究》2017 年第 2 卷第 6 期，第 83 页。
③④ 黄文艺主编：《立法学》，高等教育出版社 2008 年版，第 154 页。
⑤ 例如《中华人民共和国固体废物污染环境防治法》（2016）总则中第四条规定："县级以上人民政府应当将固体废物污染环境防治工作纳入国民经济和社会发展计划，并采取有利于固体废物污染环境防治的经济、技术政策和措施。国务院有关部门、县级以上地方人民政府及其有关部门组织编制城乡建设、土地利用、区域开发、产业发展等规划，应当统筹考虑减少固体废物的产生量和危害性、促进固体废物的综合利用和无害化处置。"
⑥⑦ 黄文艺主编：《立法学》，高等教育出版社 2008 年版，第 155 页。

（二）除总则和附则内容以外法条的重复是否均属于"非必要性重复"?

当前研究中，学者们均认为对上位法予以细化的条文应排除在"非必要性重复"之外，因其符合法条"三性"的核心目标。但对于其他条文重复的必要性问题，不同学者提出了自己的标准，例如，有的学者认为"为明确其他条款的适用的说明性及限制性条款"① 均可被纳入"必要性重复"。还有的学者认为如果上位法对于行为模式与法律后果都有明确的规定，但地方性法规只要对这两者中的其中一个有实质性的改变，则不构成"非必要性重复"②。

在处理这一问题时，笔者认为，我们仍然要秉持增加法条的"地方性""可操作性""针对性"，促进法条解决地方性问题、增强法条运用和理解这一核心标准，而不应该将其公式化、教条化。笔者更赞同将各个法条并不作为单独、独立的个体来看待，而是将其放在法条关联网络中考察其作用③的观点。而这种关联程度可以借助拉伦茨在《法学方法论》中对"不完全法条"的分析进行界定④。

首先，拉伦茨认为，"不完全法条"都是"完整的语句……只有与其他法条相结合时，才能开展共创设法效果的力量"⑤。其将"不完全法条"分为说明性的法条、限制性的法条、指示参照性的法条、作为指示参照的法定拟制，其中说明性的法条又分为"详细描述应用在其他法条的概念或类型"⑥的描述性法条，以及"在考量不同的案件形态下，将一般用语特殊化，或者更进一步充实其内容"⑦ 的填补性法条，例如罚则类条款。由于"法学最重要的任务之一，正是要清楚指出彼等由此而生的意义关联"⑧，因此法条之间并非独立存在，而应该相互结合，放在"更广泛的规整"的意义上来考察法条之间的关联性——明白哪些条文是服务于哪些条文，哪些条文的理解与概念的明确依赖于哪些条文。

---

① 黄锴：《地方立法"不重复上位法"原则及其限度——以浙江省设区的市市容环卫立法为例》，载《浙江社会科学》2017年第12期，第40页。
② 汤善鹏、严海良：《地方立法不必要重复的认定与应对——以七个地方固废法规文本为例》，载《法制与社会发展》2014年第4期，第160页。
③④ 黄锴：《地方立法"不重复上位法"原则及其限度——以浙江省设区的市市容环卫立法为例》，载《浙江社会科学》2017年第12期，第39页。
⑤⑥⑦ ［德］卡尔·拉伦茨：《法学方法论》，陈爱娥译，商务印书馆2004版，第138页。
⑧ ［德］卡尔·拉伦茨：《法学方法论》，陈爱娥译，商务印书馆2004版，第144页。

因此，如果一项条文与其他条文具有填补性、限制性、指示参考性，则其重复具有一定的必要性。笔者认为，虽然描述性法条也属于必要性重复，但应将其纳入附则类法条中，如在分则中体现则直接进行顺次保留。

由上述分析可以看出，"有几条立几条"中"有"字的含义并非仅指细化了的条文，还应当包括一些"必要性重复"的条文，例如总附则条文、与细化条文有密切关系的条文，这样能够帮助相关立法机关和民众理解细化性条文，有助于法条的运用和实施。

四、"有几条立几条"立法模式的实践性问题

基于上述讨论，"有几条立几条"在理论上的确具有重要价值，其不仅可以敦促地方立法机关发挥自身的积极性，将上位法与本地的实际情况相结合，增加法条的"地方性""可操作性"与"针对性"，同时也可以增加执行性地方性法规的利用率。在实践中，地方立法机关也的确在不断地修正自己的立法模式，将重心放在结合地方实际情况细化上位法法条上。但是，不论是制定法律，还是实施法律、遵守法律，"有几条立几条"都有以下几个实践性问题需要注意：

（一）应当将"有几条立几条"的地方性法规与上位法相结合

我国在立法权限的划定上采取中央立法权与地方立法权优化配置的体制。由于我国幅员辽阔、省市差异较大，中央的立法内容无法面面俱到，更多地只能规定原则化、纲领性条文，定下总基调，而各级地方立法机关由于占据着了解本地区的地方发展、人口文化的信息优势，反而可以很好地弥补中央立法的原则化、统领性的缺陷，制定执行性法规，更好地实施和贯彻中央的立法。但要注意的是，我们并不能因此将中央立法与地方性立法分割开来看，因为中央和地方立法权力的配置是具有协调性的，它们在立法权力的运行中是彼此协调、密切配合的[1]，即两者是分工合作的关系——中央立法权确定立法的基调，地方立法权在保持基调的情况下，根据本地区的具体情况和实际需要对上位法进行细化以满足本地区的治理需要。因此，由地方立

---

[1] 黄文艺主编：《立法学》，高等教育出版社2008年版，第72页。

法机关制定的执行性地方性法规与上位法实则是一种细化、补充的关系，一方面细化条文以上位法为指导，另一方面法规未规定的内容以上位法作为依据，两者是有机协调运作以制定出实现治理功能的整体，而非相互独立的功能个体。加之，不论是立法机关、行政机关、司法机关还是民众，对待地方性法规的态度都具有积极性，即人们都会倾向于尽可能查找自己需要的相关法律法规，以最大限度履行职责或实现自身利益。

因此，在立法领域，立法机关作为地方性法规的第一制定者和起草者，都有义务去了解、充分理解上位法所规定的内容，对地方实际情况进行考察、调研，对于必要性重复的法条与细化的法条进行保留，对无法增加地方性、可操作性、针对性的法条进行剔除，且可以在草案说明中向审议机关提交上位法的相关法律条文，并说明进行如此立法设计的理由。同时，审议机关在审议的过程中也不能仅仅对草案进行审议，而应当参考上位法与草案说明进行审议与答复，切不可都将地方性法规与其上位法割离。

当然，我们不仅要站在立法机关的角度，同时我们也要转换思维，站在实施法律、遵守法律的角度制定法律。在执法、司法与守法领域内，由于人们有运用法律的需求，因此对法律内容的寻求是一种积极的态度，会尽可能充分地了解相关法律法规，因此对上位法原则性、统领性规则的细化，且对不必要的条文进行了剔除的"有几条立几条"立法模式，可以更清晰、明确地体现地方性条款，其与上位法的互为补充，便于行政机关、司法机关的查找、运用。同时，法律的规定不仅是一种措施性的规定，更重要的是服务于人民，让民众能够明确其权利义务关系。而这一立法模式也便于人们进行查阅、理解地方性法规与上位法的内容。

（二）正确把握"有几条立几条"的细化标准

"细化"，在本文中作为立法重复的对立面，其要求为"立法机关结合地方性实际问题对上位法法条中概念、行为、责任等方面进行细致化规定的立法行为"，即下位法必须"实质性修改上位法法条"，顾名思义，其必须是"对上位法规定的具体化，这要求下位法条文对上位法抽象的概念作出有意义的区分，并适用相对应的法律后果"[1]。而怎样做出"有意义的区分"？

---

[1] 俞琪：《重复、细化还是创制：中国地方立法与上位法关系考察》，载《政治与法律》2017年第9期，第73页。

这一标准就要求地方立法机关要充分了解地方发展实际和民众的需求，制定出更具有针对性的、能解决地方问题的法条。例如，《江苏省地方志工作条例》第十一条①、二十二条②对国务院《地方志工作条例》第九条③、第十六条④的细化等。

但是，值得我们注意的是，"细化"并不是说只要对抽象的概念进行有意义的区分，结合地方特色将行为、责任具体化就足够了，它还应满足两个条件：首先，这种"细化"必须要符合"不抵触"原则。例如国务院公布施行的《中华人民共和国自然保护区条例》（2017）第二十六条规定了十种禁止性行为⑤，但在《甘肃祁连山国家级自然保护区条例》（2016）第十条则将十种行为缩减为"狩猎、垦荒、烧荒"等三类活动⑥，可谓是对其他七种禁止性行为、违法行为的放任，对监管责任的放松⑦，是对上位法法条规定范围的扩张与抵触。其次，这种"细化"一定要切合当地实际情况。甘肃省在旧条例中缩减的三类行为，"都是发生频次少、基本得到控制的事项，

---

① 《江苏省地方志工作条例》（2018）第十一条规定："县级以上地方人民政府及其地方志工作机构应当建立地方志人才引进、兼职人员聘用、志愿服务、培训、激励等制度，建设专兼职相结合的地方志人才队伍。地方志工作机构应当建立地方志专家库、人才库，吸收有关方面的专家、学者以及熟悉地情的社会公众参与地方志编纂工作。地方志工作机构可以采取购买服务、项目合作等方式，委托高等院校、科研机构等专业机构承担地方志编纂有关工作。"
② 《江苏省地方志工作条例》（2018）第二十二条规定："县级以上地方人民政府应当将地方志的开发利用纳入现代公共文化服务体系，推动地方志文化的创造性转化和创新性发展，为培育和践行社会主义核心价值观提供丰富、优秀的精神文化产品。地方志工作机构应当通过整理出版旧志、编写地方志简本和地情资料、制作音像制品、举办展览等形式，运用现代信息技术和传播技术，进行地情宣传和地方志文化传播，引导全社会读志、用志、传志。鼓励和支持单位、个人利用地方志资源开展影视作品及其他文学艺术创作和文化交流，传播地方历史文化。"
③ 《地方志工作条例》（2006）第九条规定："编纂地方志应当吸收有关方面的专家、学者参加。地方志编纂人员实行专兼职相结合，专职编纂人员应当具备相应的专业知识。"
④ 《地方志工作条例》（2006）第十六条规定："地方志工作应当为地方经济社会的全面发展服务。县级以上地方人民政府负责地方志工作的机构应当积极开拓社会用志途径，可以通过建设资料库、网站等方式，加强地方志工作的信息化建设。公民、法人和其他组织可以利用上述资料库、网站查阅、摘抄地方志。"
⑤ 《中华人民共和国自然保护区条例》（2017）第二十六条规定："禁止在自然保护区内进行砍伐、放牧、狩猎、捕捞、采药、开垦、烧荒、开矿、采石、挖沙等活动；但是，法律、行政法规另有规定的除外。"
⑥ 目前《甘肃祁连山国家级自然保护区条例》2017年11月30日已修正，其中第十条修正为十种禁止性行为。之前其超越上位法的立法失误行为为各地立法机关响起了警钟。
⑦ 《全国人大常委会法制工作委员会主任沈春耀在第二十四次全国地方立法工作座谈会上作小结讲话》中国人大网：http://www.npc.gov.cn/npc/c35260/201809/7f4b86ece2904088a6cc1e38cfac954b.shtml，访问日期：2019年12月6日。

而其他七类恰恰是近年来频繁发生且对生态环境破坏明显的事项"①。因此，地方立法机关在细化的过程中要发挥自己的能动性与积极性，主动对要细化的相关情况进行实地调查。

（三）应当将细化的地方性法规与上位法连接起来审议与公布

由于"有几条立几条"相较于"整全"体例是一种较为精简的立法模式，即排除了上位法已经明确规定、下位法没有必要再重复规定的条文。可是如果真的严格按照"有几条立几条"的方式制定执行性地方性法规，无论对地方立法机构、执法机构还是受众均会产生一定的负面隐性功能——客观后果与主观意向不一致，亦即此后果既非参与者有意如此的，亦非参与者所知晓的，则此后果就是隐形功能②。对于立法机关来说，如果仅仅制定出符合地方治理需要的几条规则，一方面很难让审议者全面了解这几条规则，也很容易产生误解，甚至会被质疑这几条规则的合法性、合理性和必要性，当然也会阻碍规则审议立法程序的进行；另一方面也会形成立法工作不认真与怠于履职的印象，甚至会降低立法乃至人大的权威性。对于执法机关来说，由于缺乏对上位法的立法理念与精神的把握，容易产生片面理解或者故意曲解这几条规则，进而在执法中产生侵犯权利与损害公共利益的不良后果。对于受众来说，当然也会产生误解，可能会产生不良的舆论反应，进而降低立法的权威性。

既然"有几条立几条"与法律体系的结构性都是立法应该追求的目的，那么就需要考虑能否有一种方式或者结构能够同时实现这两种目的？即抛弃执行性地方性法规的"重复"方式，寻找一种替代的结构实现"不重复上位法"和保证法规整体性的功能预期。默顿认为，"正如同一个社会文化结构可以有多种功能，所以相同之功能也可以为多种结构，以不同的方式来履行"。因此，默顿用功能对等项或功能替代项的概念，来修正不可欠缺性的设定。在探讨某一社会文化结构时，必须同时注意它的功能替代项或对等项。"换言之，相对于某一功能需要而言，我们除了注意实际履行此功能的

---

① 《全国人大常委会法制工作委员会主任沈春耀在第二十四次全国地方立法工作座谈会上作小结讲话》中国人大网：http://www.npc.gov.cn/npc/c35260/201809/7f4b86ece2904088a6cc1e38cfac954b.shtml，访问日期：2019 年 12 月 6 日。
② [美] 帕深思、莫顿等著：《现代社会学结构功能论选读》，黄瑞祺编译，台北：巨流图书公司 1981 年版，第 15 页。

现存结构之外,还应注意可能履行此功能的其他结构,或许其他结构能够更有效地履行此种功能。"①

其实这种替代的结构或者方式可以是一种制度,也可以是一种简单的技术。例如将细化的规则附在上位法的后面予以审议、通过和公布,当然审议、通过与公布的只是细化的地方性法规,而非上位法。这样既可以突出哪些规则得到了细化,为什么得到了细化,也可以判定细化的法规是否符合上位法、细化的法规是否具有合法性、必要性;既可以让审议人员、执法人员和受众全面地理解和执行细化的地方性法规,避免对这些规则的片面认识和执行,又可以限制立法机构和执法机构的权力;既可以凸显细化法规的实用性,又可以表明细化法规的从属性。

因此,为了便于人们运用与理解法律、增强条文使用上的明确性与上下位法的关联性,有必要将细化的地方性法规附属于上位法予以审议或者公布。如果考虑到细化的地方性法规审议与公布的便利,至少可以在细化地方性法规的附则或整体条文末增加指示参照类条文,明确说明本法规中其他未规定的事宜参见相关上位法。

(四) 不能将条文数作为"有几条立几条"追求的目标

"有几条立几条"这一名称已经被学界所广泛使用,但是,我们不能仅仅对其进行字面化的理解——细化了几条就立几条,越少越好。其要服务的核心目标仍然是为了地方治理的需要、满足地方治理的功能需求,即增加法条的"地方性""可操作性""针对性"、法条的细化及其编排,例如应该细化哪些条款?应该保留哪些相关联的必要性重复的条款?都应当纳入考虑,而非追求立法的"极简风"。

五、结语

目前,"有几条立几条"作为解决执行性地方性法规的立法重复问题的一大途经,本文通过两个层面对其进行考察:其一,在理论上,虽然其条文范围、条文内容在学界内仍有一定的争议,例如结构与体例的重复是否属于

---

① [美]帕深思、莫顿等著:《现代社会学结构功能论选读》,黄瑞祺编译,台北:巨流图书公司1981年版,第18-19页。

"必要性重复",哪些考量因素应当纳入"非必要性重复"的判断标准之中,但本文结合立法学理与相关实际寻求解决这些争议,企图达成统一以帮助"有几条立几条"这一立法模式的推行与实践。其二,"有几条立几条"这一立法模式在实践过程中,不论是在立法,还是在执法、司法、守法中,都存在着需要注意和进一步完善的实践性问题。例如,应将"有几条立几条"的地方性法规与上位法相结合;在不抵触上位法的基础上,根据地方各自的发展实情对上位法法条进行细化;将细化的地方性法规附于上位法之后,至少可以在细化的地方性规则的附则或整体条文末加入指示参照类条文以及不能对"有几条立几条"进行字面的理解而追求立法的"极简化"。这些问题的解决与明确可以更好地促使"有几条立几条"立法模式的实施。

"有几条立几条"的良好实践不仅需要地方立法机关转变立法模式的固化思维,从对上位法全部条文的承继到必要性的承继与细化,还需要立法机关人员立法技能的提高以及发挥自身的积极性、制度的完善、立法法相关条文的细致规定以及对于现行的但制定时间较早的地方性法规及时进行修正与细化。如此,才能够有效解决地方性法规立法重复的问题,同时一部执行性地方性法规才能够真正发挥自身的"地方性""可操作性"与"针对性",解决地方问题,满足地方治理的功能需要,发挥地方特色。

(钱大军,教授,博士生导师,法学博士,从事立法学与司法学研究;孙嘉阳,博士研究生,从事司法学研究;本文系教育部高校人文社会科学重点研究基地重大项目"以中国实践为基础的法律体系理论研究"[17JJD820003]成果)

个人信息保护中"隐私/非隐私"二元分类的司法实践
——基于948份判决书的实证研究

冯健鹏　刘阳玲

【内容摘要】 数字社会隐私和个人信息的关系问题一直受到理论界和实务界的重点关注。个人信息保护法对敏感信息和非敏感信息的划分，及其背后体现的当前立法中对个人信息所作"隐私/非隐私"的二元分类，事实上给法院界定个人信息的性质造成了法律适用上的难题。通过对948份涉及隐私和个人信息纠纷的样本判决进行分析发现，专门法院特性和经济发展水平是影响地方法院判断和裁决的重要因素；互联网法院和经济较发达地区的法院都能比较明确地区分隐私和个人信息的概念，而且互联网法院还以更为详细的说理表现出法律适用的逻辑和判断，这为个人信息保护法实施后相关的司法审判提供了方向；同时，专门法院和区域经济发展对司法的影响，也值得进一步研究。

【关键词】 隐私　个人信息　敏感个人信息　互联网法院　经济影响

一、问题的提出

近年来，数字社会隐私和个人信息的保护问题常常引起社会关注和学界热议，如"北京百度网讯科技公司与朱某隐私权纠纷案"[1] 所涉及的商业机构利用cookie技术收集用户个人信息的行为是否侵犯个人隐私权等。

我国学者已经对隐私和个人信息之间的关系进行了大量的理论研究。有

---

① 李谦：《人格、隐私与数据：商业实践及其限度——兼评中国cookie隐私权纠纷第一案》，载《中国法律评论》2017年第2期。

些学者认为，个人信息的概念远远超出了隐私权的范畴，应让个人信息和个人隐私在区分的前提下分别得到保护。① 还有的学者认为，个人隐私与个人信息之间存在交叉关系，二者的交集就是个人敏感隐私信息，涉及私生活秘密。② 虽然学者们在个人信息权是否应作为具体人格权的问题上存在争议，但对个人隐私和个人信息的区分保护要求是一致的。

为了回应隐私和个人信息的关系问题，《中华人民共和国民法典》（以下简称《民法典》）在"人格权编"用"隐私权和个人信息保护"专章规定了个人隐私和个人信息的概念，并对二者加以区分。此外，《民法典》还在第1034条中将个人信息和个人隐私的交叠部分明确为私密信息。私密信息属于隐私权的保护客体，其在适用隐私权规定和个人信息保护规定方面存在优先等级，即隐私权规定的优先性要高于个人信息保护规定。于2021年11月施行的《中华人民共和国个人信息保护法》（以下简称《个人信息保护法》）则将个人信息区分为敏感信息和非敏感信息，并将涉及隐私的个人信息纳入敏感信息的保护范畴。

《民法典》的私法性质决定其主要解决民事主体之间的纠纷，《民法典》对隐私权和个人信息权益的划分，也是基于民事权益保护的角度。虽然《民法典》在明确隐私权的独立人格权利地位后，将个人信息的问题归于民事权益，但其在信息利用与保护之间选择向保护倾斜。而《个人信息保护法》的公法兼私法属性，决定它的规则制定必然会受到国家因素的影响。《个人信息保护法》的适用对象不只是私主体，还有公权力机关，其必须兼顾个人信息保护和利用两个层面。因此，《个人信息保护法》将个人信息分为敏感（隐私）信息和非敏感（非隐私）信息，是基于不同信息处理者的不同行为规范。与非敏感信息相比，《个人信息保护法》对信息处理者处理敏感信息行为的规范要更为严格，比如信息处理者处理敏感信息需遵守的"单独同意"规则。③

然而，《个人信息保护法》直接将个人信息作"隐私/非隐私"二元分

---

① 王利明：《论个人信息权的法律保护——以个人信息权与隐私权的界分为中心》，载《现代法学》2013年第4期。
② 张新宝：《从隐私到个人信息：利益再衡量的理论与制度安排》，载《中国法学》2015年第3期。
③ 《中华人民共和国个人信息保护法》第29条规定："处理敏感个人信息应当取得个人的单独同意；法律、行政法规规定处理敏感个人信息应当取得书面同意的，从其规定。"

类的方式，并不能使个人私密信息得到完全的救济。在数字社会，看上去不具敏感性的信息仍有可能触发个人隐私泄露的后果，隐私与非隐私个人信息的二元划分具有典型的风险社会特征。[①] 立法既对个人隐私和个人信息的概念进行区分，又将二者的规范问题相结合，就足以证明隐私和个人信息交叉关系的复杂性。倘若简单地将隐私和个人信息交叠之处界定为敏感信息，仍不利于司法实践中法院对私密信息的认定和保护，特别是在某些个案中，法院对涉及隐私的个人信息的认定需要借助"场景化模式"理论。此外，《个人信息保护法》将匿名化处理的信息从个人信息中排除，也会阻碍法院对个人信息的判断。再识别匿名化信息技术使公民的个人信息一旦被采集，就存有潜在的可识别性，[②] 这也是"隐私/非隐私"二元分类存在的问题。

可以预计，个人信息保护法的施行必然会为司法机关处理涉及隐私和个人信息的案件增加难度。因此，找出现有司法实践认定涉及隐私个人信息的一般性规律，是下一步为司法机关法律适用提供确切方向的前提。

二、理论框架和研究方法

(一) 理论框架

在探究个人私密信息在法律实践中的认定规律之前，需要先厘清"个人隐私""个人信息""私密信息"和"敏感信息"这几个概念的差异，这样才能找出合适的分析对象。

1. 概念辨析

隐私的"隐"为隐匿，表达一种不愿为他人知悉、不愿公开的状态，"私"则是私密、秘密。隐私又为个人的生活秘密，是指私人生活安宁不受他人非法侵扰，私人秘密不受他人非法搜集、刺探和公开。[③] 隐私是不愿为他人所知、涉及私人生活安宁的个人秘密，包括私密的个人信息、空间和活

[①] 李忠夏：《数字时代隐私权的宪法建构》，载《华东政法大学学报》2021 年第 3 期。
[②] ［英］凯伦·杨、马丁·洛奇：《驯服算法：数字歧视与算法规制》，林少伟、唐林垚译，上海人民出版社 2020 年版，第 74 页。
[③] 张新宝：《从隐私到个人信息：利益再衡量的理论与制度安排》，载《中国法学》2015 年第 3 期。

动。而个人信息又称为个人数据、个人资料和信息隐私，有学者认为，个人信息是与特定个人相关联、反映个体特征的具有可识别性的符号系统。① 其他学者指出，个人信息是与一个身份已经被识别或者身份可以被识别的自然人相关的任何信息。② 因此，隐私和个人信息完全不同，但二者之间又存在交叠地带，即涉及隐私的个人信息。

就私密信息和敏感信息而言，个人私密信息是个人隐私与个人信息的交集，任何私人不愿公开、不愿为他人知悉，且能识别和标识出特定个人特征的信息都有可能是个人私密信息，比如医疗信息和财产信息。敏感信息则是特殊的个人信息，有学者认为它是易于识别出个人身份、信息主体的自主利用意愿强、国家获取程度相对较低的个人信息。③ 还有学者将其分为危及基本权利安全的信息和涉及人身和财产权益安全的私密信息两大类。④ 总之，敏感信息和私密信息理论上应当被视为不同的个人信息类型。

综上所述，个人隐私、个人信息、私密信息和敏感信息是四个不同的概念，可以从各自具有的特征对它们进行甄别。

个人隐私在理论上具有隐匿性、不公开性和私密性的特征。大数据时代，隐私的判断变得复杂化，在传统观念上不被定义为隐私的信息遭到泄露时，也有可能使他人私生活的安宁受到侵扰，例如微信好友关系。因而，除了个人隐私的一般性特征，还需考量场景中的多元因素，并结合"场景化模式"理论⑤得出案件应适用隐私权规定或个人信息保护规定的结论。

个人信息的判断标准有三：第一，可识别性，无论是直接识别还是间接识别，只要他人能通过有关描述个人身份、特征的信息辨别或认出特定个

---

① 王利明：《论个人信息权的法律保护——以个人信息权与隐私权的界分为中心》，载《现代法学》2013 年第 4 期。
② 张新宝：《从隐私到个人信息：利益再衡量的理论与制度安排》，载《中国法学》2015 年第 3 期。
③ 廖宇羿：《我国个人信息保护范围界定——兼论个人信息与个人隐私的区分》，载《社会科学研究》2016 年第 2 期。
④ 程啸：《论我国个人信息保护法中的个人信息处理规则》，载《清华法学》2021 年第 3 期。
⑤ 有学者指出，个体隐私权益受保护的力度必然因其所处共同体的不同而有差异。隐私权益保护的边界，需要根据不同共同体的特点和具体场景中人们的普遍预期加以确定。例如，亲密的小共同体中，对于隐私权益的保护力度往往较小，因为在这样的小共同体中，成员之间对于隐私的相互分享有着较高的接受度。在半熟人社会或陌生人社会中，成员会对隐私与信息的分享较为警惕。在陌生人社会里，人们对隐私保护的预期可能更高，甚至期望彻底实现信息的匿名化，达到人们相互之间无法直接辨识彼此身份的程度。丁晓东：《个人信息私法保护的困境与出路》，载《法学研究》2018 年第 6 期。

人，就属于个人信息的范畴，比如姓名、家庭住址和身份证号码等能辨识个人特殊属性的信息；第二，公共性，数据信息自身的公共属性和可共享属性，决定了个人信息的公共性①，个人信息既可以标识和记录个人自身的生活，也能记载他人的生活，个人信息并不会因可识别属性而绝对由个人支配，例如网络交易信息和网页浏览记录；第三，交互性，个人信息就是在主体与外界的交互过程中发挥作用，这是个人信息独立于隐私的重要属性，个人一般并不愿个人隐私为他人知悉，却会对个人信息进行合理的交互和利用。

私密信息的认定需要借助两大标准：一方面是权利人的意愿表现为"不愿为他人知晓"，另一方面是从社会公众的一般认知和价值权衡的角度出发，② 只有将这两个标准相结合，才能确认涉案信息的性质，并作出是否适用隐私权规定的判断。

敏感信息的判断通过客观标准进行，其无须借助社会公众的一般认知标准。信息的敏感程度与个人"不愿为他人知悉"的主观感受无涉，只与信息的泄露是否会导致个人人身权益和财产权益遭受重大损失和危害相关。换言之，私密信息的判断更偏向于主观标准，即社会公众的一般认知，而敏感信息的判定主要通过客观标准，即事实上是否会使个人人身或财产受到危害，而有关二者的法律适用问题，则需要结合具体的场景进行理解。

2. 分析对象

本文将选取涉及隐私的个人信息纠纷一审判决作为分析对象。由于作出一审判决的法院全部是地方法院，因此本文特别关注"地方"对法院裁判过程的影响，这主要体现在两个层面：第一是经济层面，即不同地区法院会因经济发展水平的差异，是否会在裁判文书上表现出关注重点的差异；第二是专门性层面，即互联网法院和普通法院，是否会影响法院在相关案件上判断的重点。

因此，在筛选出合适判决作为具体分析对象后，本文将以经济较发达地区的法院和经济较不发达地区的法院、互联网法院和非互联网法院为两个比较分组，具体分析经济因素和法院类型对地方法院认定"隐私/非隐私"个人信息的判断标准和方式。

---

① 高富平：《个人信息保护：从个人控制到社会控制》，载《法学研究》2018 年第 3 期。
② 程啸：《个人信息保护中的敏感信息与私密信息》，载《人民法院报》2020 年 11 月。

（二）研究方法

本文的研究目的是找出法院认定"隐私/非隐私"个人信息的规律，研究对象的类型属于"民事案件"。同时，民事第一审程序和第二审程序有着不同的裁判规则，而一审程序在一定程度上更能全面体现法院对事实问题的认定。此外，如果仅以隐私权纠纷案件为研究对象，就存在部分触及个人隐私的司法判决书不公开的问题，故研究对象限定为涉及隐私和个人信息纠纷的判决书。因而，本文的研究对象是涉及隐私的个人信息纠纷民事一审判决书。

本文将"隐私"和"个人信息"作为关键词在中国裁判文书网中进行全文检索和筛选，并限定案件类型为"民事类型"、审判程序为"民事一审"，在排除无关判决后，共获得 948 份判决书（以下统称"样本判决"）。这些判决书的案由主要涉及人格权纠纷、侵权责任纠纷、婚姻家庭纠纷和与公司有关的民事纠纷等，包括了我国 2010 年至 2021 年涉及隐私和个人信息纠纷的一审民事案件。

三、总体特征

对于样本判决，可以通过判决数量分布、判决时间、法院类型和地区等信息描述隐私和个人信息纠纷判决的总体情况。具体分析如下：

（一）判决数量分布

948 份样本判决中，以民事案由立案的判决数量为 901 份，还有 37 份适用特殊程序案件案由立案。民事案由具体涉及人格权纠纷、婚姻家庭、继承纠纷、合同纠纷、知识产权与竞争纠纷、劳动争议、人事争议纠纷和侵权责任纠纷等。

如图 1 所示，人格权纠纷的判决数量在样本判决总量中占比最大，为 33.4%。人格权纠纷类型案件还能细分为生命权、健康权、身体权纠纷，姓名权纠纷，肖像权纠纷，名誉权纠纷，隐私权纠纷和一般人格权纠纷。合同纠纷的判决数量为 259 份，在样本判决中占比第二，为 27.1%。就人格权纠纷判决和合同纠纷判决而言，二者的占比已经达到隐私和个人信息判决的一

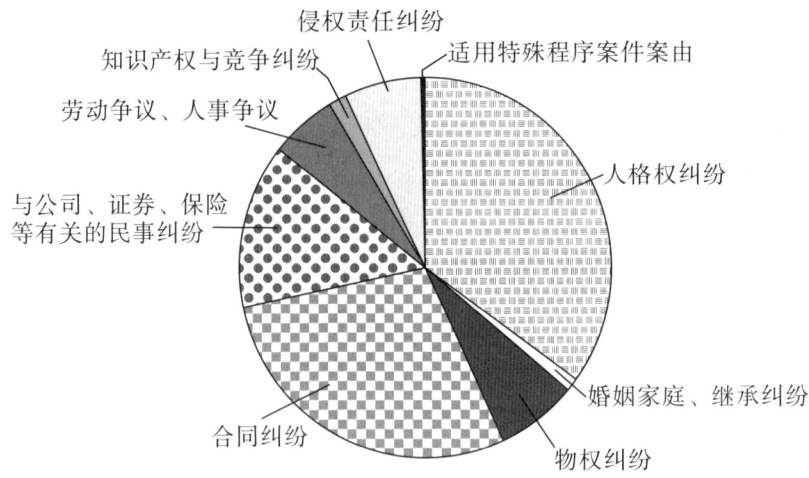

图 1 我国涉及隐私和个人信息的判决（民事案由）数量分布图

半。是以，涉及隐私和个人信息的判决多分布在以人格权纠纷和合同纠纷为案由的判决类型中，这与个人隐私和个人信息的特性相关联。可以说，隐私权和个人信息保护都被纳入民事法律的保护范畴。其中，隐私权已经被我国法律明确规定为一项独立的人格权，而个人信息虽属民事权益范畴，但其涉及的纠纷多为个人与企业，故二者的民事案由主要是人格权纠纷和合同纠纷的混合。

（二）判决时间

样本判决最早出现在 2010 年，而中国裁判文书网中的民事一审案件判决书最早出现在 1996 年。然而，2010 年之前每年的民事一审案件判决数量均未及判决总量的 0.2%。因此，这里只计算自 2010 年以来每年样本判决数量占样本判决总量的比例，以及每年民事一审判决数量占总量的比例，再将二者的波动变化进行对比，排除影响样本判决波动的干扰因素。结果如图 2 所示。

从整体上看，2010 年至 2021 年的样本判决和民事一审案件判决各占总量比例的增幅大体是一致的，即样本判决和民事一审案件判决基本呈现出逐年上升的趋势。因此，涉及隐私和个人信息纠纷的案件判决数量逐年递增或许与民事一审案件判决逐年上传的数量增多存在关联。

但在 2015—2016 年、2017—2018 年和 2019—2020 年这三个时间段，样本判决和民事一审案件判决明显在比例的波动上存在差异。当民事一审案件

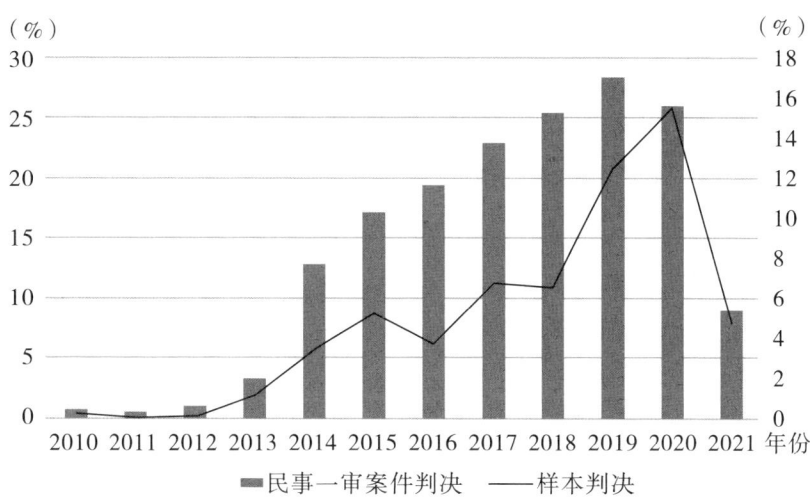

图2 样本判决和民事一审案件判决各年数量占各总量比例

判决在2016年和2019年都在向上增长时,样本判决却在这两个时间段出现下降的趋势。其中,数值在2016年的波动或许与同年颁布的《中华人民共和国网络安全法》相关联,但该法于2017年才得以施行;数值在2019年反常波动的原因尚未明确。除此之外,民事一审案件判决在2020年显露出下降的趋势时,样本判决却在2020年明显上升,这可能与当时《民法典》的颁布有关。

(三)法院类型

在样本判决中,由互联网法院这一专门法院处理的涉及隐私和个人信息纠纷的案件数量有120份,普通法院(一般法院)处理的案件(从互联网法院设立的2018年起算)数量为510份。其中,专门法院处理的样本判决主要涉及人格权纠纷、合同纠纷、知识产权与竞争纠纷和侵权责任纠纷这四个案由;普通法院处理的样本判决则以人格权纠纷、婚姻家庭继承纠纷、物权纠纷、合同纠纷和侵权责任纠纷为主。

毋庸置疑,普通法院处理的样本判决在案由分布上显然要比互联网法院的案由更为丰富。如图3所示,就互联网法院而言,处理的案件类型主要是知识产权纠纷和合同纠纷;就普通法院而言,处理的样本判决类型主要是人格权纠纷和合同纠纷。互联网法院审理案件的类型凸显出其管辖案件的专门性和处理特定问题的专业性,所涉案由都与信息网络领域密切相关。普通法院的样本判决类型则呈现出案件管辖的广泛性和裁判的多元化。

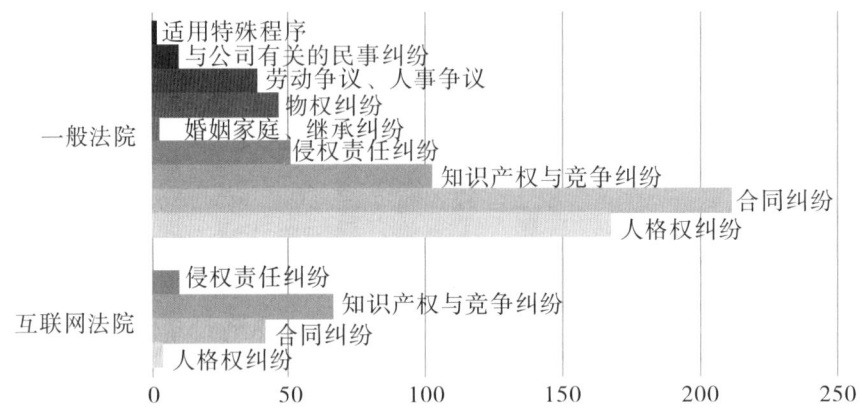

图 3 互联网法院与一般法院的民事案由情况

（四）地区

为了排除各地上传民事一审判决书数量的多寡对"隐私和个人信息"案件在地区实际分布的干扰，本文统计了各省、直辖市和自治区平均每 10 万份民事一审判决文书中出现样本判决的比率。

表 1 样本判决出现比率的地区分布

省/直辖市/自治区	概率	省/直辖市/自治区	概率	省/直辖市/自治区	概率
北京	25.2	新疆	2.2	河北	1.3
上海	6.8	贵州	2.0	安徽	1.1
天津	5.7	湖北	2.0	江西	0.9
广东	5.1	辽宁	1.9	甘肃	0.8
四川	4.1	云南	1.9	内蒙古	0.6
广西	4.0	吉林	1.9	重庆	0.5
宁夏	3.9	河南	1.7	海南	0
浙江	3.4	黑龙江	1.7	青海	0
江苏	2.6	福建	1.5	西藏	0
山东	2.5	山西	1.5		
陕西	2.3	湖南	1.4		

如表1所示，各地处理的隐私权纠纷案件数量并不均衡，而且存在较大的差异。每10万份民事一审程序判决书中出现3个以上样本判决的地方有北京、上海、天津、广东、四川、广西、宁夏和浙江；而出现的样本判决数值介于中间地带（0~3）的地区有江苏、山东、陕西、新疆、贵州、湖北、辽宁、云南、吉林、河南、黑龙江、福建、山西、湖南、河北、安徽、江西、甘肃、内蒙古和重庆；剩下的海南、青海和西藏地区出现样本判决的概率则为0。

总体而言，样本判决出现的比率与地区经济发展水平呈正比，即地方经济发展程度越高，其出现样本判决的比率就越大。在样本判决的出现比率较高的几个地区中，北京地区出现样本判决的比率尤为显著，即北京每10万份民事一审判决书中会出现25份左右的样本判决。此外，广西和宁夏地区的概率数值也值得关注，广西和宁夏应当是属于经济发展水平中等和靠后的区域，但他们出现样本判决的比率却较为靠前，除了经济发展水平之外，应当还有其他因素影响样本判决的出现，有待进一步研究。

四、影响法院判断的地方因素

以上是从判决数量、判决时间、法院类型和地区四个方面对涉及隐私和个人信息纠纷的判决书进行的整体描述。在此基础上，本文的研究目标是找出法院在司法实践中处理隐私和个人信息纠纷案件的一般性规律。为此，以下从一审法院的专门法院特性和经济发展水平两个层面展开研究。

（一）专门法院特性

法院处理案件过程中的观点和看法，在一定程度上会受到法院自身特性的影响。本文的研究对象是一审法院涉及隐私和个人信息纠纷的判决，而隐私和个人信息概念是在数字社会获得极大发展的。在该领域更具专业性和专门性的法院当属互联网法院。国家在北京、广州、杭州成立互联网法院，不仅是对三地互联网经济发展水平的肯定，更是对三地互联网信息技术发展水平的认可。互联网法院在说理部分的推理过程和论证逻辑，是否与普通法院存在差异，这是本文首先需要分析的。

就规范层面而言，个人信息和个人隐私的概念区分问题似乎已经解决：

个人隐私和个人信息的区分问题在我国学界得到了大量的研究，形成了"隐私和个人信息应在区分的前提下保护"的主流看法；同时，该问题在法律上也得到了民法典和个人信息保护法的规范。

然而在司法实践层面，互联网法院和普通法院在"隐私和个人信息"的概念认定上存在一定的差异，主要体现在判决文书的法院意见部分。本文将选取地域和城市类型都较为接近的基层法院的部分样本判决，排除其他因素的干扰，进行互联网法院（北京、广州）和地方（天津、深圳）一般法院的对比（杭州互联网法院没有发现符合要求的判决书，因此不纳入对比考察）。

互联网法院严格区分个人隐私和个人信息的概念。在"范某楼与小米科技有限责任公司产品责任纠纷一审民事判决书"（以下简称"范某楼案"）①、"黄某敏与霍尔果斯凤凰联动影业有限公司等一审民事判决书"（以下简称"黄某敏案"）②、"孙某宝与北京搜狐互联网信息服务有限公司等人格权纠纷一审民事判决书"（以下简称"孙某宝案"）③、"腾讯科技（深圳）有限公司等网络侵权责任纠纷一审民事判决书"（以下简称"腾讯公司案"）④、"余某与北京酷车易美网络科技有限公司隐私权纠纷一审民事判决书"（以下简称"余某案"）⑤ 和"黄某琪与韩某文名誉权纠纷、隐私权纠纷一审民事判决书"（以下简称"黄某琪案"）⑥ 中，均涉及对隐私、隐私权和个人信息含义的解释。

在"范某楼案"中，互联网法院认为："隐私，包含两个方面的内容：一方面是自然人的私人生活安宁；另一方面是自然人不愿为他人知晓的私密空间、私密活动、私密信息。"隐私与个人信息之间的关系不是包含关系。如果仅将个人信息的保护置于隐私之下，而不将个人信息作为一种独立的民事权益，就会使个人信息无法得到完善的保护。隐私与个人信息之间应当是一种交叉的关系，二者交叠的私密信息也是隐私权的保护客体。互联网法院

---

① 范某楼与小米科技有限责任公司产品责任纠纷一审民事判决书（2019）京0491民初11970号。
② 黄某敏与霍尔果斯凤凰联动影业有限公司等一审民事判决书（2020）京0491民初9079号。
③ 孙某宝与北京搜狐互联网信息服务有限公司等人格权纠纷一审民事判决书（2019）京0491民初10989号。
④ 腾讯科技（深圳）有限公司等网络侵权责任纠纷一审民事判决书（2019）京0491民初16142号。
⑤ 余某与北京酷车易美网络科技有限公司隐私权纠纷一审民事判决书（2021）粤0192民初928号。
⑥ 黄某琪与韩某文名誉权纠纷、隐私权纠纷一审民事判决书（2019）粤0192民初51732号。

还在"黄某敏案"和"黄某琪案"中同样阐述了隐私保护的内容。而在"孙某宝案"中，法院进一步对隐私和个人信息的交叉关系进行甄别。首先，互联网法院对隐私和个人信息的含义进行界定，隐私是指"自然人的私人生活安宁和不愿为他人知晓的私密空间、私密活动、私密信息"。而后，法院明确"个人信息和个人隐私的保护范围存在交叉关系，构成私密信息的个人信息应通过隐私权加以保护"。最后，法院着重从保护客体和保护方式两个方面区别私密信息，从保护客体上看，"个人隐私在客观上一般情况下呈现为不为公众所知悉的样态，在主观上权利人也具有不愿为他人知晓的意愿；个人信息指向的内容则更为广泛、更为中性，包含能够识别到特定个体的各种信息，权利人在某些情况下可能存在主动积极使用的情形"，从保护方式上看，"个人隐私的保护方式更注重消极防御，对他人的行为限制更为严格；个人信息的保护方式则包括消极防御和积极利用，一定情况下容许他人合理、正当的利用，仅在信息处理者不当、过度处理等情形下才引发侵权"。个人信息的判断标准和具体类别则在"腾讯公司案"中得到阐明，互联网法院认为隐私权与个人信息权益在权利类型、立法价值取向、利益内容、保护客体和损害后果、权利特点和保护方式上存在差异。基于以上内容，法院指出判断个人信息的性质需要把握"个人信息可能存在个人自主、社会交往、公共利益价值上的交融""'不愿为他人知晓'的'私密性'，强调主观意愿，该主观意愿不完全取决于隐私诉求者的个体意志，应符合社会一般合理认知"和"将用户隐私期待强烈程度不同的信息笼统划入某相对固定的概念，并不是有效保护权利或权益的最优选择，而有必要深入实际应用场景，以'场景化模式'探讨该场景中是否存在侵害隐私的行为"这三个观点。同时，互联网法院还从合理隐私期待的维度将个人信息划分为"符合社会一般合理认知下共识的私密信息（有关性取向、性生活、疾病史、未公开的违法犯罪记录等，此类信息要强化其防御性保护）""不具备私密性的一般信息（在征得信息主体的一般同意后，即可正当处理）"和"兼具防御性期待及积极利用期待的个人信息（此类信息的处理是否侵权，需要结合信息内容、处理场景、处理方式等）"三个层次。实践中互联网法院对涉案信息是否为个人隐私或个人信息的判断，并不是简单依据理论上的定义，而是结合"社会一般认知"和具体的场景进行的。

与互联网法院的意见相比，普通法院在隐私和个人信息的界定上显然要更为简略，在二者的区分上也不够严谨。如在"吕某艳与捷信消费金融有限公司侵权责任纠纷一审民事判决书"（以下简称"吕某艳案"）①、"马某霞与李某网络侵权责任纠纷一审民事判决书"（以下简称"马某霞案"）②、"张某华与深圳市锦欣物业管理有限公司、谢某隐私权纠纷一审民事判决书"（以下简称"张某华案"）③、"陈某星与张某隐私权纠纷一审民事判决书"（以下简称"陈某星案"）④ 和"许某顺与聂某光网络侵权责任纠纷一审民事判决书"（以下简称"许某顺案"）⑤ 中，均只是简单地阐述了隐私权的概念，并且对隐私和个人信息的判断并非总是一致的。

在"陈某星案"中，法院认为隐私包括"私人信息、私人活动和私人空间"，隐私权是"自然人享有的对其个人的与公共利益无关的个人信息、私人活动和私有领域进行支配的一种人格权"，隐私权存在的目的是"保护私人信息和秘密，维护个人的生活安宁和人格尊严"。该法院是将隐私归入人格权的保护范畴，且认为隐私权是一种防御性权利。"许某顺案"中的法院却将隐私权益认定为具有积极性质的权利，其指出"法律、法规保护隐私权益的目的在于保护权利主体对自己是否向他人公开隐私和公开范围决定权"，强调积极利用的期待。而"张某华案"中的法院，则将以上两种观点相结合，其认为隐私权是"自然人享有的私人生活安宁与私人信息秘密依法受到保护，不被他人非法侵扰、知悉、收集、利用和公开的一种人格权，而且权利主体对他人在何种程度上可以介入自己的私生活，对自己是否向他人公开隐私以及公开的范围和程度等具有决定权，包含个人生活自由权、个人生活情报保密权、个人通讯秘密权、个人隐私利用权"，在该案的法院看来，隐私权是一种兼具消极防御和积极决定性质的权利。以上法院处理案件时都是从性质上明确隐私权的概念，而"吕某艳案"与"马某霞案"的法院，则在定义隐私概念的过程中，将隐私与个人信息相混合。在"吕某艳案"中，法院认为"隐私是一种与公共利益、群体利益无关，当事人不愿他人知道或他人不便知道的个人信息"，显然，该法院并没有将隐私和个人信息的概念相区分，甚至认为隐私属于个人信息的范畴。然而，隐私远不限于个人

---

① 吕某艳与捷信消费金融有限公司侵权责任纠纷一审民事判决书（2020）津 0116 民初 7525 号。
② 马某霞与李某网络侵权责任纠纷一审民事判决书（2019）津 0104 民初 860 号。
③ 张某华与深圳市锦欣物业管理有限公司、谢某隐私权纠纷一审民事判决书（2020）粤 0305 民初 5910 号。
④ 陈某星与张某隐私权纠纷一审民事判决书（2020）粤 0309 民初 6143 号。
⑤ 许某顺与聂某光网络侵权责任纠纷一审民事判决书（2020）粤 0303 民初 12725 号。

信息，其还有个人活动和个人空间，如果将隐私固定在个人信息之中，就会缩小隐私的保护范围。"马某霞案"中的法院观点则与之相反，法院认为"个人信息是一种隐私利益，只要未经许可或违反主体意愿公布主体个人信息的行为，都是一种侵犯隐私权的行为"，在此法院将个人信息权益的保护归入隐私权保护的范畴，但法院忽略了其他不涉个人隐私的一般个人信息，比如手机号和车牌号等信息。

综上所述，隐私和个人信息在司法实践中的认定存在差异性，尤其是互联网法院和普通法院。普通法院在法院意见部分阐述个人隐私的定义时，往往未将隐私和个人信息进行区分，甚至存在是将"隐私归入个人信息"还是将"个人信息归入隐私"的分歧。但隐私与个人信息并不是一种包含关系，而是一种交叉关系，倘若简单界定二者为包含关系，隐私和个人信息都将无法得到完善的保护。相较之下，互联网法院在裁判过程中，会严格区分个人隐私和个人信息，并明确二者的交叉关系，同时于说理部分详细地论述隐私权的侵权要件。值得关注的是，互联网法院在区分认定隐私和个人信息时，还提出了"社会一般认知标准"和"场景化模式"的观点；而且，互联网法院在认定涉案信息性质的过程中，也不是简单将个人信息划分为敏感信息和非敏感信息，而是根据合理隐私期待的标准分层次地判定个人信息的三个类型。总之，即便在《个人信息保护法》施行之后，司法实践对涉案信息的性质判断（是个人隐私还是个人信息）也需要考量以上互联网法院提出的观点和意见，"社会一般认知标准"和"场景化模式"理论或将成为法院处理隐私和个人信息纠纷案件的关注重点。

（二）经济发展水平

为了研究经济因素对不同地方法院有关隐私和个人信息意见和判断的具体影响，本文在排除专门法院因素干扰的基础上，选取经济发达的上海、深圳地区法院与经济较不发达的宁夏、甘肃和安徽基层法院的样本判决进行比较。

经济发达地区的法院在处理隐私与个人信息纠纷的案件时，基本可以比较清楚地阐述隐私和个人信息的关系，不会发生混淆二者概念的情形。同时,法院在审理案件过程中,还能提出经验性的判断标准:在"史某康等案"① 中,法院明确隐私是"自然人的私人生活安宁和不愿为他人知晓的私密空间、私密活动、私密信息,应受到法律保护,任何组织或者个人不得以刺探、侵扰、泄露、公开等方式进行侵害",其在界定涉案的日常进出信息(包括出行人员及其出行规律、访客情况)是否属于个人隐私的范畴时,还借助了"与原告私人习惯及其人身、财产安全直接关联"的判断标准。而法院在"陈某婷案"② 中,分别阐述了隐私和个人信息的概念,这是对二者性质的明确区分。法院指出,隐私是"自然人的私人生活安宁和不愿为他人知晓的私密空间、私密活动、私密信息。任何组织和个人不得以刺探、侵扰、泄露、公开等方式侵害他人的隐私权",个人信息则是"以电子或其他方式记录的能够单独或者与其他信息结合识别特定自然人的各种信息,包括自然人的姓名、出生日期、身份证件号码、生物识别信息、住址、电话号码、电子邮箱、健康信息、行踪信息等";基于此,法院进一步阐明隐私和个人信息之间的关系,即"个人信息虽与隐私权有密切联系,但个人信息不完全属于隐私的范畴,不能将其与隐私权混同"。同时,法院在识别涉案信息是属于个人信息还是隐私时,引入了能否"在一定范围内为社会特定人或者不特定人所周知"的判断标准,如果是在社会交往和公共管理中必须为特定人或不特定人所周知的信息,就是个人信息;如果是在社会交往和公共管理中不须为特定人或不特定人所周知的信息,就归入隐私权的私密信息范畴。审理"李某褌案"③ 的法院则在判断涉案贷款信息的性质时,引入了"与个人及其家庭密切相关"的判断标准。法院认为,贷款信息与公民个人的财务状况相关,可能会使他人对公民的财务状况产生一定联想,如他人可能会认为该公民财务状况欠佳,存在破产风险等,对公民的正常生活造成一定干扰,影响公民的生活安宁,故该信息应属原告有权决定是否向不特定公众进行披露的信息,本案中的贷款信息应属隐私权保护的范围。是以,在实践中,如果涉案信息与个人及家庭密切相关,且信息的泄露会对公民的正常生活带来干

---

① 史某康等与黄某德等相邻关系纠纷民事一审案件民事判决书(2021)沪 0113 民初 7830 号,与之类似的判决还有"裴某宾与刘某相邻关系纠纷一审民事判决书(2020)沪 0105 民初 16491 号"。
② 陈某婷与上海瑞慈瑞兆门诊部有限公司隐私权纠纷一审民事判决书(2020)沪 0107 民初 5934 号。
③ 李某褌与平安银行股份有限公司上海分行名誉权纠纷一审民事判决书(2018)沪 0115 民初 67411 号。

扰，使公民生活陷入不安宁的状态，就应属于个人隐私。另外，"杨某秋案"① 中的基层法院则对征信报告的性质问题进行了判断，法院指出，个人征信报告中含有大量的不宜公开的个人信息，属于个人隐私，被告在没有合法授权或其他法定理由的前提下，查询原告的个人征信报告，侵害了原告的隐私权，应当承担侵权责任。这与前文提到的"陈某婷案"的判断标准存在相似之处，法院都是从信息的公开性推断涉案信息是否为个人隐私。

相比之下，经济较不发达地区的法院往往在隐私和个人信息的区分上存在含混和模糊的情形。在"童某案"② 中，法院认为，公民的隐私权是指自然人享有的对其个人的、与公共利益无关的个人信息、私人活动和私有领域进行支配的一种人格权。侵犯隐私的行为表现为公开，其后果为让公众知晓。由此可见，该案法院将私密信息与"与公共利益无关的个人信息"等同。但是，二者并不是相等关系，有公共利益无涉的信息并不都是涉及个人隐私的信息，它们之间还有过渡地带。除此之外，审理"吴某等案"③ 和"汤某珠案"④ 的法院也将"与公共利益无关的个人信息"和私密信息的概念等同。然而，审理"张某1案"⑤ 的法院在解释隐私权概念时，并没有将"与公共利益无关的个人信息"纳入隐私的保护范畴，其认为"隐私是自然人的私人生活安宁和不愿为他人知晓的私密空间、私密活动、私密信息"。"张某1案"法院的观点是合理的，其他法院提及的"与公共利益无关的个人信息"实际就是私人信息，而私人信息显然扩大了隐私的保护范围，并不是所有私人信息的泄露都会对私人生活安宁和不愿为他人知晓的秘密造成侵害。

五、结语

个人隐私和个人信息的区分问题已经得到了我国学界的充分讨论，主流

---

① 杨某秋与中国邮政储蓄银行深圳分行隐私权纠纷一审民事判决书（2015）深福法民一初字第4278号。
② 童某与中国建设银行股份有限公司安徽省分行隐私权纠纷一审民事判决书（2017）皖0111民初4056号。
③ 吴某与靳某、叶某隐私权纠纷一审民事判决书（2019）甘0421民初2810号。
④ 汤某珠与安徽江淮晨报传媒有限公司隐私权纠纷一审民事判决书（2019）0111民初16499号。
⑤ 张某1与三亚万达大酒店有限公司万达康莱德酒店隐私权纠纷一审民事判决书（2021）宁0402民初4813号。

上形成了"隐私和个人信息应在区分的前提下各自得到保护"的观点。在立法上,一方面,民法典中严格区分隐私和个人信息的概念,而后将二者的保护相结合;另一方面,个人信息保护法中将个人信息分为敏感信息和非敏感信息两类。然而,敏感信息和非敏感信息的划分为法院对隐私和个人信息的判断带来了难题。实践中,法院在认定涉案信息的性质时,既要依据法律的规定,又要借助经验的判断。

对948份涉及隐私和个人信息纠纷的民事一审判决书进行整体研究和具体分析后,笔者发现,专门法院特性和经济发展水平确实对法院的判断存在一定程度的影响。换言之,法院在认定涉案个人信息的属性时,会受到地方因素的影响。现有法律(包括民法典和个人信息保护法)对个人信息所作的"隐私/非隐私"的二元分类,其合理性还有待进一步商榷。通过互联网法院和普通法院、经济较发达地区法院和经济较不发达地区法院的对比可以发现,互联网法院和经济较发达地区的法院都能比较明确地区分隐私和个人信息的概念,而且互联网法院还以更为详细的说理表现出法律适用的逻辑和判断。因此,就隐私和个人信息纠纷案件而言,互联网法院的审理方式和说理逻辑不但值得其他地方法院学习和效仿,而且会是未来法院裁判该类案件的发展趋势。同时,专门法院和地方经济对于法院司法审判的多样化影响,也是未来相关研究值得进一步关注的主题。

(冯健鹏,华南理工大学法学院教授;刘阳玲,华南理工大学法学院硕士研究生;本文系国家社科基金重点项目"共建共治共享社会治理法治化的程序保障机制研究[20AFX003]"的阶段性成果)

缇萦救父释疑：
汉文帝废肉刑之际的央地政治关系

杨源哲　沈玮玮

【内容摘要】 西汉孝女缇萦救父，文帝借此废除肉刑，这一事件有诸多疑点，需要重释。缇萦具备上书文帝的知识能力和勇气，但尚需淳于意的引导和淳于意关系网的指点才能成功。在被成功救出之后，淳于意退到幕后，淳于父女随后在历史中销声匿迹。淳于意虽横遭肉刑之灾，但无法用赎刑解困；文帝虽将淳于意案提升到了诏狱的层面上来办理，但因顾及执政惯例以及央地权力格局，不能以赦免的方式来满足淳于意父女的要求。在此局面下，文帝通过废除肉刑这一立法方式来解决淳于意案的司法审判难题，对维持央地政治局势多有裨益，且对此后实现郡国统一助力甚多。

【关键词】 缇萦救父　淳于意　汉文帝　废肉刑　央地关系

西汉缇萦救父的故事虽然家喻户晓，然有诸多疑点，至今学界未曾关注，尤其是法律史学界将此事件的重心全部放在文帝废肉刑这一结果上，将文帝废肉刑的起因简化为孝行故事，模糊了缇萦救父这个故事背后的法政背景，使得诸多疑团被人为遮蔽。这与文帝废肉刑被视为中国法律史上重大且标志性的法制事件的"定论"严重不符，而且不利于这一法史事件被更为广泛地接受和传播。为此，本文从缇萦救父所需的前提条件切入，详细分析缇萦救父的策略选择，结合缇萦救父之后家族活动的踪迹来反观缇萦一方的疑点；同时，分析文帝处理这一案件的可行方案及其考量，从文帝一方来考察这一故事的另一大疑点，从而揭示缇萦救父故事背后所涉央地政治布局的真实样态。

一、缇萦一方：缇萦救父的行为与结果之疑

(一) 疑点一：缇萦救父所需的前提条件

缇萦能够救父的前提条件是缇萦有救父的真情实意且自身有基本的书写能力。照常理来说，随父西行、代父受刑的应当是家中长女，而不是小女儿。如果说小女儿最为聪慧孝顺，那淳于意的五个女儿都应随父西行，再由缇萦执笔以五女的名义共同上书，岂不是更能打动文帝？当淳于意感叹"生子不生男，缓急无可使者"之时，虽然五女都因此而感伤，但其他四女没有任何表示。而汉代标榜以孝治天下，皇帝谥号皆加"孝"字。《汉书·惠帝纪》中，颜师古注曰："孝子善述父之志。故汉家之谥，自惠帝以下皆称孝也。"汉代在乡里设置"孝悌"官职，力倡子孙与父祖尊亲同居共财，惠帝特下诏鼓励同居共财，在基层民间弘扬孝道观念。①

淳于意早年"问善为方数者，事之久矣，见事数师，悉受其要事，尽其方书意，及解论之"，但依然没有寻得生子的偏方。他对生子的渴望必定会经常在与女儿的日常对谈中流露出来，缇萦代父受刑是否还有另外一层意思，即当时父亲尚无子，为了保全父亲身体，为此后育子提供可能呢？

缇萦的姐姐们不知有何感想，只有缇萦对父亲的牢骚与愤恨采取了行动，决定奔赴长安代父受刑。姐姐们对父亲一贯重男轻女的思想或许已经习以为常，用不理不睬来表示反抗，甚至有些幸灾乐祸。唯有缇萦尚小，对父亲生子的执念有所体量，尤其是她还需要父亲的抚养，所以才会采取保全父亲的行动。

缇萦救父之感人处莫过于缇萦上书的内容，司马迁认为"缇萦通尺牍，父得以后宁"。就此来说，缇萦初通文墨，但是否擅长政论文体并不确定，如果淳于意教女有方，诚可谓"知识改变命运"的典范。那么，缇萦的受教育程度是否足以让她上书文帝呢？研究普遍认为，汉代女性教育以家庭教育为主，教育内容并不局限于"三从四德"之类的道德说教，还有诗书、音乐、艺术等方面。② 一些出身于官僚、贵族、士大夫家庭的女性除接受女德、

---

① 龙大轩：《孝道：中国传统法律的核心价值》，载《法学研究》2015 年第 3 期。
② 姚琪艳：《汉代女性研究综述》，载《中国史研究动态》2015 年第 1 期。

女子艺术教育外，多有诵经读骚，广观博览，以至于能通百家之言，良好的文化素养为其文学创作提供了必备的先决条件。①

女性教育与汉初女性地位关系密切。有学者认为，汉代婚姻关系中男尊女卑的倾向明显，但妇女地位仍然比唐代之后为高。② 尤其是汉代贵族妇女在婚姻关系和家庭生活中占据较高地位，"使男事女，夫诎于妇"③ 的情形在民间也有表现，甚至成为有些地区的民俗特征。《汉书·地理志下》所载陈国（今河南淮阳附近）就有"妇人尊贵"的习俗。④ 总之，汉初的妇女受礼教影响比较小，实际地位并不很低，女性享有许多自由。⑤ 也有研究指出，张家山汉简《二年律令》的相关法律规定显示，汉初女性虽然有部分的财产和身份继承权，但在男女关系上，女性对男性有依从性，家庭地位不高。相比唐代，女性的社会空间略显狭小。⑥ 以上研究具体需要结合地域文化和家庭背景来进行评价。比如缇萦成长于齐鲁，虽然为儒家文化发源地，但在文帝执政初期儒学尚未全面兴盛，只能说缇萦的成长环境有利于其思维和书写能力的教育培养。

从淳于意学业有成到遭受肉刑不过十年，然"文王病时，臣意家贫，欲为人治病，诚恐吏以除拘臣意也，故移名数，左右不修家生，出行游国中"⑦。据此可以推断，缇萦幼年时，家境（包括淳于意夫妇、五女在内至少七口之家）仍然拮据，而且淳于意"左右行游"，飘忽不定，这些因素都决定了缇萦的受教育程度可能只是初通文墨。缇萦在随父西行长安领刑的路途中，当然会与父交谈甚至商议对策。综合而言，缇萦所上文帝之书不排除他人代笔的可能。即便缇萦受到了良好的家庭教育，能够准确揣摩文帝的心思，一语中的，也需要他人参谋，不然，一个涉世未深、与政治无涉的女子怎能有如此政治智谋？

---

① 鞠传文：《汉代女性教育与文学》，载《中南民族大学学报》（人文社会科学版）2007 年第 5 期。
② 彭卫：《汉代婚姻关系中妇女地位考察》，载《求索》1988 年第 3 期。
③ 《汉书·王吉传》。
④ 王子今：《汉代的女权》，载《东方》1999 年第 3 期。
⑤ 参见施红：《试论西汉前、中期妇女地位》，载《北京师范学院学报》（社会科学版）1989 年第 2 期；贾丽英：《论汉代妇女的家庭地位》，载《四川大学学报》（哲学社会科学版）2001 年第 6 期。
⑥ 夏增民：《从张家山汉简〈二年律令〉推论汉初女性社会地位》，载《浙江学刊》2010 年第 1 期。
⑦ 《史记·扁鹊仓公列传》。

(二) 疑点二：代父受刑行为的合理怀疑

古代代刑的刑罚种类不一，有死刑、劳役、笞杖、戍边等，但以代死者为多，代父受刑最突出也最普遍。代父母受刑是孝顺的最高境界，此外，代父母受刑还意味着子女要承担失谏不孝的责任。而某种情形下的代亲受刑可以视为个人单独维权的壮举。① 明嘉靖年间，大臣冯恩因上疏得罪皇帝，论为死罪。为了讼冤，其十三岁的长子冯行可"伏阙讼冤，日夜匍匐长安街，见冠盖者过，辄攀舆号呼乞救"，冯恩的母亲吴氏亦"击登闻鼓讼冤""终无敢言者"。次年，冯行可"上书请代父死，不许"。到冬天，临近冬至行刑季节，"事益迫，行可乃刺臂血书疏，自缚阙下"，再次请求代父一死，冯恩终于免死而改处流放。②

效法缇萦救父的后来者并没有缇萦那么幸运。因为无法判断代刑是否出自真心。最早效法缇萦救父的当属南梁天监初（503年）莲勺人吉翂。吉翂之父被奸吏所诬，"罪当大辟"，十五岁的吉翂"挝登闻鼓，乞代父命"，梁武帝让廷尉卿蔡法度彻查此事时说："吉翂请死赎父，义诚可嘉；但其幼童，未必自能造意。卿可严加胁诱，取其款实。"③ 虽然最后"高祖乃宥其父"，但梁武帝对吉翂代父受刑的第一反应是幼童背后定有人鼓动唆使，遂让廷尉严加查察；这不由让人疑惑，汉文帝为何会轻易相信与吉翂同龄的缇萦？梁武帝的反应后世帝王臣子亦有之，例如元代有民误殴人死，其子"请代死"。廉访使布鲁海牙便叮嘱地方官吏，"使擒于市，惧则杀之"，结果因其子不惧恐吓让父子同释。④ 明洪武年间江宁人周琬之父"坐罪论死"，同样是十六岁的女子，周琬"叩阍请代"。朱元璋疑其受人唆教，于是"命斩之"，然周琬"颜色不变"。太祖惊叹之下遂命宽宥其父之死罪而改为"谪戍边"。然周琬并不领情："戍与斩，均死尔。父死，子安用生为，顾就死以赎父戍。"朱元璋不禁大怒，"命缚赴市曹"处斩，周琬却"色甚喜"。至此，朱元璋才肯定周琬代父行刑的确至真至纯，当即将其父释放，并亲题御屏"孝

---

① 范忠信：《传统中国法秩序下的人民权益救济方式及其基本特征》，载《暨南学报》（哲学社会科学版）2013年第8期。
② 《明史·冯恩传》。
③ 《梁书·孝行传》。
④ 《元史·布鲁海牙传》。

子周琬"。① 这当然与朱元璋多疑的性格有关,谨小慎微的汉文帝难道就不需要在少女缇萦救父之事上格外谨慎吗?

代亲受刑有多大可能是因年少无知或迫不得已而受人指使所为呢?如果父辈真是罪有应得,却利用子女的孝心脱罪,岂不是放纵了坏人?更何况若是允许代亲受刑,本该受刑的长辈逍遥法外,不该受刑的晚辈却遭无妄之灾,那么孝道还值得推崇吗?清末陈康祺所撰《郎潜纪闻三笔》有载:嘉庆十七年(1812年),四川重庆十一岁少女佘酉州的父亲佘长安"因控告谭飞农等开赌私宰等事,审属虚诬,问拟军罪,发遣湖北。核其情罪,尚非常赦所不原"。佘长安为了脱罪,怂恿其女进京为父求情。在得到宽宥返回老家后,仍重施故技,继续教唆词讼,图诈钱文,仗着其女儿为钦定孝女而有恃无恐。此事被《清诗纪事》视为缇萦救父的翻版:"或询女年年十一,君不见,千古缇萦更谁匹?"李宗昉亦有诗云:"呜呼!百男趑趄,不如缇萦。千夫优柔,不如秦休。缇萦秦休皆英流,于今又见佘酉州。"李宗昉完全沿用了班固对缇萦救父的评价,这一评论背后是否隐喻缇萦救父乃父亲唆使?毕竟淳于意"生子不生男"的言行确实激发了缇萦救父的行为。在王夫之看来,多数子女对待救亲的态度是"不畏而不敢":"缇萦、吉翂之事,人皆可为也,而无有再上汉阙之书、挝梁门之鼓者,旷千余年。坐刑之子女,亦无敢闻风而效之,何也?不敢也。不敢者,非畏也,父刑即不可免,弗听而已矣,未有反加之刑者,亦未有许之请代而杀之者,本无足畏,故知不畏也。不畏而不敢者,何也?诚也。平居无孺慕不舍之爱,父已陷乎罪,抑无惊哀交迫之实。"②

代刑请求的言行技巧是成功与否的关键,有学者将其归纳为理孝兼具类、情法交融类、把握时空类、喜颜悦色类、以退为进类五种,缇萦上书兼具强有力的说理性和浓厚的孝义性。所谓理,即缇萦认为"死者不可复生而刑者不可复续,虽欲改过自新,其道莫由"。这个道理连一个民间幼女都能懂,皇帝是没有办法回绝的;所谓孝,即缇萦为赎父罪,"愿入身为官婢"。

---

① 《明史·孝义一·周琬》。
② 《读通鉴论·梁武帝四》。

"入身为官婢"等同于被判处"隶臣妾"之罪,兼具刑徒和终身奴隶的性质,① 这需要极大的勇气。缇萦之前比较著名的代父受刑事件发生在春秋战国时期,赵简子欲伐楚,然因津吏醉酒而无法摆渡,导致贻误战机,于是简子怒而欲杀之。津吏的女儿女娟便提出"愿以鄙躯易父之死",却遭到赵简之否决——"非女之罪也"。于是,女娟采取了"以退为进"的言辞技巧:"主君欲因其醉而杀之,妾恐其身之不知痛,而心不知罪也。若不知罪杀之,是杀不辜也。愿醒而杀之,使知其罪。"史载"简子曰善,遂释不诛"②。女娟的故事乃代父受刑失败的案例,但与缇萦的故事类似,二人都是从知罪和改过的角度,也即刑罚目的(惩罚和预防)能否实现来为父辩解,只不过前者失败,后者成功,而且还能引起刑罚的重大变革,可谓前无古人,后无来者。这不得不让人怀疑缇萦上书背后有着强大的助攻。

在缇萦救父成功后,代亲受刑最早在东汉才有诏令加以明确肯定。东汉永平八年(65年),汉明帝"诏三公募郡国中都官死罪系囚,减罪一等,勿笞,诣度辽将军营,屯朔方、五原之边县;妻子自随,便占著边县;父母同产欲相代者,恣听之"③。即死囚减罪一等而徙边时,其"父母同产"者可代刑,代受的仅是"徙边"刑。"父母同产"实是"父母之同产",即指同父母的兄弟姐妹而非父母去代子女戍边,否则有违孝道。东汉时,尚书陈忠向汉安帝奏请若干除弊宽刑之建议也有代刑之项:"母子兄弟相代死,听,赦所代者。"④ 其一,父子之间可否相代?想必"子代父死"可,但"父代子死"则有违孝道。其二,被代者和代者是否一并免刑?《后汉书》作者范晔对此评价道:"忠能承风,亦庶乎明慎用刑而不留狱。然其听狂易杀人,开父子兄弟得相代死,斯大谬矣。是则不善人多幸,而善人常代其祸,进退无所措也。"⑤ 按照范晔的理解,代刑请求者并不必然同被代者一并免刑,否则不至于发出"进退无所措也"的感慨。一旦朝廷以法令正式肯定代刑,一些潜在代刑者的压力就更大,因此,汉代以后多以司法惯例的形式默认代

---

① 陶亮:《"免隶臣妾"解》,载《文化学刊》2007年第5期;朱德贵:《岳麓秦简所见"隶臣妾"问题新证》,载《社会科学》2016年第1期。"隶臣妾"一词是秦律中的专有法律术语,不仅指官奴隶,而且也指刑徒,经过战国时期和秦朝的发展,在西汉时期的法律中演变为一个纯粹的徒刑刑名。参见李力:《"隶臣妾"身份再研究》,中国法制出版社2007年版,第4页。
② 《列女传·辩通传·赵津女娟》。
③ 《后汉书·明帝纪》。
④ 《晋书·刑法志》。
⑤ 《后汉书·陈忠传》。

刑，因代刑而减所代者刑的处理最为普遍。① 瞿同祖先生总结认为，"人民犯了重罪本无可逭，但往往因犯人的子孙兄弟请求代刑而加以赦免或减轻。这在法律上本无根据，不列此条，不过因历来的政教是注重伦常孝悌之道的，帝王为了表扬这种精神，遇到这一类的事常由有司奏明，经皇帝的裁决而加以特赦或减刑"②。这是缇萦之后不断有后继者效仿其救父之举的原因。唐敬宗宝历年间，有二女为父伸冤，不惜以死抵罪，虽然与缇萦代亲受刑多有不同，但仍被视为缇萦救父之再现，史载："唐时初兴银冶，置场曰'金溪'，有司命孝女父典其事，岁久，银不足以充贡，倾家无以偿，榜掠不堪。二女不忍见其父抵罪也，相顾泣曰：'地产有限，父何辜？若罪不可赎，女生何为？'皆跃入冶中焚死。刺史以闻，贡即停罢，冶遂废，唐宝历乙巳也。"③ 元人刘杰作《重建孝女祠记》将此孝行与缇萦救父故事进行对比，借以讥讽敬宗昏庸无道，揭露当时的苛政之患。④ 由于人主好恶不定，缇萦的后继者们没有如此幸运。而且，缇萦这个榜样给后继者们带来一线希望的同时，无形中也制造了心理压力。

（三）疑点三：救父后的结局和人生安排

既然缇萦上书能够废除肉刑，救父后定是一战成名，但史书中再也找不到她的踪迹；且淳于意的余生若不是有文帝诏问，我们也无从得知，整个淳于家庭的动向在史书中并无任何记载，这同样值得怀疑。当时，汉廷对王国的内部事务干预甚少，因而知之甚少。史家根据汉廷档案等材料记录下来的汉初王国史事，涉及开国和谋反的过程时都相当详细，而有关开国后至谋反前的内容却十分简略，司马迁以宫廷档案——"紬史记石室金匮之书"——为材料撰写《史记》，他对淳于意和缇萦在案结之后的事情因无据可查而几无了解，这是《史记》对淳于意家族着墨不多的主要原因。唐人白居易为好友元稹之母撰写《唐河南元府君夫人荥阳郑氏墓志铭》，以史上奇女子生平事迹来衬托元郑氏的完美一生："昔漆室缇萦之徒，烈女也！及为妇则无闻。伯宗梁鸿之妻，哲妇也！及为母则无闻。文伯孟氏之亲，贤母也！为女为妇

---

① 方潇：《中国古代的代亲受刑现象探析》，载《法学研究》2012 年第 1 期。
② 瞿同祖：《中国法律与中国社会》，中华书局 2010 年版，第 73 页。
③ 《金溪县志·艺文》。
④ 吴小红：《苛征、祠祀与地方利益：元代金溪二孝女祠祀研究》，载《中国史研究》2012 年第 1 期。

时亦无闻。"白居易的总结或许能为缇萦救父之后默默无闻的平淡生活而被史官刻意忽视提供一种解释。

文帝可能同意了缇萦的请求，成全了其"没入为官婢"的意愿。"没入为官婢"的"婢"乃奴婢，史书记载，文帝曾下旨："其除肉刑，有以易之；及令罪人各以轻重，不亡逃，有年而免。"① 文帝的刑罚改革包括了易刑和免刑，缇萦即便成为奴婢，不久也可免为庶民。而且在后元四年（前160年）夏五月，文帝大赦天下，对官奴婢颁布了单独赦免的诏令，免官奴婢为庶人。② 在被免为庶民后，倘若缇萦是男儿，以救父之孝行，则可以依据文帝十五年（前165年）颁布的《策贤良文学诏》③——当时文帝下诏，令诸侯王、公卿、郡守举荐贤良能直言极谏的人，亲自策问考试，而缇萦可谓直言极谏的典型——入仕为官，光耀门楣。

还有一种可能，后世与缇萦救父类似的父子（女）的人生结局或是缇萦的写照。例如，距缇萦时代不远的吉翂"以父陷罪，因成悸疾，后因发而卒"；再如，明代孝子危贞昉上疏言其父年老体衰，不堪劳力，请求替父服役，最终因劳累病卒。④ 康熙年间，蔡蕙因父蔡孕琦坐法论死，苦等四年，待康熙南下之机（1689年）为父伸冤，效缇萦故事，最终父亲免死。⑤ 此案与缇萦救父颇为类似，只不过救父之女为长女，而非小女。可惜，蔡蕙尚未享受到天伦之乐便离父而去。

最有可能的还是淳于意父女重新匿迹自隐，回归隐居的生活状态。通常为解决允许代刑出现的复仇问题，官府或免刑之人惯以移乡避仇、经济赔偿及禁止复仇等措施来应对。有学者从考证淳于意的墓址入手，推测淳于父女后来的生活轨迹。淳于意墓位于山东泰安而非原籍临淄——案结了事后，淳于意为躲避当权者的再次陷害，便隐居在泰安一带行医，其人生经历自然无人得知，史书便多无记载。《重修泰安县志》（1928年）和《泰山药物志》（1939年）都提到"意，汉为奉高县令"，奉高即今泰安。淳于意是否做过奉高县令，已经无从考证，⑥ 清人蔡东藩《前汉演义》中提到淳于意曾做过

---

① 《汉书·刑法志》。
② 《汉书·文帝纪》。
③ 《汉书·晁错传》。
④ 《明史·孝义传》。
⑤ 《清史稿·列女一》。
⑥ 王光辉等：《淳于意坟茔初步考证》，载《中华医史杂志》2001年第1期。

县令，可能是后人为了提升淳于意的名望将蔡东藩的演义当成史实来转述。即便学界质疑淳于意之墓的真实性，但并未否认淳于意后半生四处行医，后代家道殷盛，亡故后葬于泰安的事实。① 早年间淳于意"出行游国中"所说的"国"即齐国境内，行游诸侯是在一分为六的大齐国境内，最后落脚杨虚侯国，杨虚侯国国都在今山东聊城茌平东北。若淳于意果真在免除肉刑后到泰安定居，离此前所依附的杨虚侯国国都就不远，而两地离齐国国都临淄较远，这样就可以与政治若即若离，安稳度日。

二、文帝一方：应对淳于意的可选方案之疑

（一）疑点一：为何不选择赎刑和赦免

西汉当时已有用赎刑免除肉刑之苦的律法，为何淳于意不用赎刑进行自救？有研究者认为，淳于意由于家贫无法适用赎刑，只能默认肉刑之苦。② 司马迁就是因为没有赎金而遭受宫刑——"家贫，货赂不足以自赎，交游莫救，左右亲近不为一言。"③ 但案发时的淳于意已经解决了"利禄"之忧，才在齐国都城临淄安定下来，摆脱贱业的游医身份后跻身官贵行列。从淳于意学成到案发已有十年，成为名医的淳于意不至于支付不了赎金。

据《二年律令·具律》规定："赎死，金二斤八两。赎城旦舂、鬼薪白粲，金一斤八两。赎斩、府（腐），金一斤四两。赎劓、黥，金一斤。赎耐，金十二两。赎迁，金八两。有罪当府（腐）者，移内官，内官府（腐）之。"④ 若按照斩刑需金一斤四两算，淳于意需要12500钱来赎罪。当时太仓令秩六百石，月俸6000钱，加上为人治病和诸侯打赏所得，钱财方面绰绰有余。⑤ 只不过《汉书》记载的赎刑适用对象多为侯爵，此外还有宰相、大司农、车骑将军、西域都户等显赫职位，并没有仓公这一级别的官员适用赎

---

① 范正生：《淳于意与"救女坟"考辨》，载《泰山学院学报》2011年第1期。
② 庄小霞、薛婷婷：《仓公犯的是什么罪》，载《春秋》2006年第2期。
③ 《汉书·司马迁传》。
④ 彭浩、陈伟、[日]工藤元男：《二年律令与奏谳书——张家山二十七号汉墓出土法律文献释读》，上海古籍出版社2007年版，第140页。
⑤ 黄惠贤、陈锋：《中国俸禄制度史》，武汉大学出版社1996年版，第45页。

刑。同时，史书所载适用赎刑的大都为死刑，并非肉刑。① 可以说，淳于意适用赎刑几无可能，无怪乎他要发出"生子不生男，缓急无可使者"的感慨。

从汉元帝光禄大夫贡禹对赎罪之法提出的严厉批评来看，在文帝时代，"赏善罚恶，不阿亲戚，罪白者伏其诛，疑者以与民，亡赎罪之法，故令行禁止，海内大化，天下断狱四百，与刑错亡异"。而到武帝时期，由于"用度不足，乃行一切之变，使犯法者赎罪，入谷者补吏，是以天下奢侈，官乱民贫，盗贼并起，亡命者众"。而今如果"欲兴至治，致太平，宜除赎罪之法"②。可见，淳于意在文帝之际应当无适用赎刑的可能，追求"赏善罚恶，不阿亲戚"的汉文帝只能另想他招，以成全孝女之心。

再说特赦，包括曲赦、别赦、赦徒三种。曲赦多行之于军事甫定之地，意在安民。比如文帝安定济北。别赦的对象为特定个人，或者与特定事件相关的群体。比如高祖赦田横、季布，景帝赦襄平侯纪嘉等。曲赦、别赦多针对谋反大逆等重罪，淳于意之罪当无此性质。自西汉建立到景帝结束的60多年内，赦事多与削藩有关。朝廷在削弱地方藩王势力的过程中，常常采用曲赦该地区吏民的做法来争取民心。在平定藩王统治区域后，亦会曲赦该地区的"从反"吏民。例如文帝三年，济北王之乱前后，曾曲赦济北一带；景帝四年，吴楚"七国之乱"（又称七王之乱）时大赦天下，平定七国后，则赦免从反的吏民。③ 赦徒则是针对轻罪的赦免，例如文帝二年（前178年），赦"民谪作县官"者；景帝中元四年（前146年），赦徒作阳陵者。这两次赦徒是针对特殊群体（刑徒）的赦免，而淳于意并不会成为刑徒，否则就不存在代父受刑之说。就此而言，淳于意也不适用赦徒。

因淳于意案涉及赵、吴、齐多国，相较于赦免淳于意而言，废除肉刑惠及更广，更值得文帝选择；况且，文帝对赦宥十分谨慎，在位期间赦免屈指可数。若因淳于意案就轻易动用赦宥权，乃意味着文帝对地方藩王的纷争别无他法，只能被动地消极应对，如此做法等同于纵容和妥协，让借机试探中央态度的地方藩王们更加有恃无恐——既然皇帝都不能积极处置地方藩王之纷争，中央的权威自然也就荡然无存了，拥护这样消极无能的皇帝毫无意

---

① 高叶青：《汉代的罚金和赎刑——〈二年律令〉研读札记》，载《南都学坛》2004年第6期。
② 《汉书·贡禹传》。
③ 邬文玲：《汉代赦免制度研究》，中国社会科学院研究生院2003年博士学位论文，第20-41页。

义，只能群起而反之。

(二) 疑点二：为何用立法解司法困局

"汉法非立，汉令非行"① 是汉初王国的普遍现象。对此现象的批评，文帝以前未见，文帝以后屡见不鲜。这应当是因文帝收夺了王国二千石的任命权，并明确要求王国用汉法所引起的。② 文帝三年到文帝六年，薄昭受文帝命，写信切责淮南王刘长："汉法，二千石缺，辄言汉补，大王逐汉所置，而请自置相、二千石。"这成为刘长的罪状之一——"不用汉法，出入警跸，称制，自作法令，数上书不逊顺。"③ 由此可见，诸侯王早在文帝三年前至迟在文帝六年官吏自置权已在逐渐缩小。然而，违反此法者多有，如直到景帝时赵王彭祖依旧想方设法抵制汉廷派来的两千石官员。④ 就此而言，在文帝以前，王国仍拥有很大的独立性，王国吏民的一般犯罪行为通常不受汉法约束。西汉初年的汉法不是全国普遍通行的法律，只在朝廷直辖地区普遍适用，对王国事务的干预则限于诸侯王及其亲属的犯罪行为，普通吏民的谋反等重罪，以及后妃、宫禁、二千石以上职官等重要制度。除此之外，大量有关王国一般事务和制度的规定可能都在王国的各自的律法中。因此，陈苏镇断定，文帝以前王国吏民在本国的一般违法行为受汉法制裁的最早例证便是淳于意。

淳于意若不涉嫌谋反的话，按照缇萦上书所言"妾父为吏""坐法当刑"，其所犯之罪最有可能是一般职务犯罪。⑤ 然淳于意系被藩王诬告，并非职务犯罪。⑥ 不过陈苏镇的观点提醒我们注意文帝如此急切地废除肉刑还有另一种动因——文帝以汉法的超前性和人本性，逼迫地方藩国适用汉法，以废除肉刑争取民心，"斯天下之民至焉"。地方诸侯不得不向文帝靠拢，即向汉法靠拢，打破汉法与王国之法的界限，为实现郡国一体的实质统一提前布局。

以废除肉刑作为解局之策，是文帝化解这场诏狱官司的绝佳选择。当时

---

① 《新书·亲疏危乱》。
② 陈苏镇：《汉代政治与〈春秋〉学》，中国广播电视出版社 2001 年版，第 87 - 88 页。
③ 《汉书·淮南厉王长传》。
④ 《史记·五宗世家》。
⑤ 陈苏镇：《汉初王国制度考述》，载《中国史研究》2004 年第 3 期。
⑥ 因篇幅所限，关于此问题的详细讨论另行撰文。

除了肉刑就是死刑，从缇萦对淳于意即将面临的肉刑叙述可以发现，所谓"刑者不可复续"当指的是有伤肌肤的黥、劓或斩趾刑。缇萦的上书连定罪和量刑都不关注，显然是对代父受刑这一孝行定会感化文帝信心十足。因为，对于文帝而言，只有废除肉刑，他才能对维护淳于意的刘将间等人和加害淳于意的赵王等人都有一个合理且易接受的交代。吴国势力与中央相差无几，吴王之子被文帝之子误杀后，更是全然不顾藩臣之礼，不仅诈病不朝，还私下拉拢其他诸侯，渐与中央形成反目之势。当时以文帝为代表的新的中央势力尚不够强大，文帝对吴王的种种僭越行为只能采取优容政策，必须小心谨慎地对待淳于意父女，才能正确处理地方藩王纠纷而不至于引火烧身。加上文帝向来宽仁的执法态度，或者说一贯不喜欢严苛执法，给文帝选择废除肉刑找到了一个出于个人习惯的解释。文帝要在藩王势力最为强大的赵、齐和吴之间寻找平衡——后来的"七王之乱"几乎都来自于这三个藩国，还要为朝廷威严和个人威望争取民心支持，唯有采用看似消极回避的方式枉顾司法正义转向立法革新才能转移注意力，消除藩王之间形式上的法律纷争。这或许是文帝没有选择赦免和允许淳于意有机会适用赎刑的另一层考虑。

缇萦在上书中并未提到请求赦免或赎刑，已然表明缇萦背后的团队早已考虑到了其父惹上的莫名其妙的诏狱及其引发的政治后果对文帝裁决可能产生的影响，故而采取代父受刑的认罪模式，才能给地方诸侯和文帝都找到一个台阶。

文帝登基初期，根基未稳，急需借助宗室的力量来平衡朝堂与诸侯之间的关系。于是文帝元年分封了诛吕有功的朱虚侯刘章为城阳王、东牟侯刘兴居为济北王。文帝四年，刘兴居叛乱被诛后，文帝再次表明自己的态度，将齐悼惠王诸子封侯。文帝六年，爆发淮南王刘长叛乱，其后文帝将其四子封侯。文帝十二年，为了表示自己不贪淮南地，文帝封刘喜为淮南王。可以看出，在与诸侯的多次交锋中，文帝的策略多为退让和安抚，尽量减少和地方势力的正面冲突。到淳于意案发时，文帝已经不是第一次面对诸侯的挑衅了，而淳于意案显然只是诸侯的试探，如果文帝难以招架，接下来便会有第二个第三个淳于意，必须有万全之策方能逼退咄咄逼人的地方藩王。而废除肉刑改革刑罚对文帝有两个好处：其一，有利于塑造一直锐意改革的皇帝仁政形象。文帝将缇萦的孝行巧妙地转化成改革的信号，让诸侯们猝不及防。其二，有利于为中央对抗地方争取民心。文帝后来削弱诸侯的手段说明他对诸侯的骚动已有预感，欲借肉刑改革来为自己增添助力。

三、结论：缇萦救父故事隐去的央地关系图

缇萦上书成功之后，文帝还特地诏问过淳于意。除了淳于意的名医效应之外，想必文帝已然听闻，废除肉刑后改革的新刑罚极易导致"外有轻刑之名，内实杀人"之批评，故而需要一个榜样来说服批评者。这是文帝亲自诏问淳于意的主要目的，希望以此了解第一个领受废除肉刑之后新刑罚的人的身体和生活状态，以此检验刑罚改革的效果。

而淳于意在返回故地后，想必以受刑为鉴，力争达到缇萦陈情上书之效果，绝不辜负文帝为此废除肉刑的期待。因此，他有选择地向文帝详细汇报了25则经典病例，不仅有应邀诊断，还有偶然地主动问诊，且覆盖面十分广，明显是在向文帝表示忠诚，他一直在以身说法，四处讲述文帝的仁德，其行医的过程便是宣传废除肉刑利好、宣扬文帝体恤万民的过程。

司马迁在狱中撰写"淳于意传"，能够看到有关淳于意的所有资料，在一定程度上证明了淳于意的贡献已然被文、景、武三代帝王所认可，这与淳于意对文、景、武三代以"削藩"为主旨的国策推行所做的突出贡献有关。再看"扁鹊仓公列传"在《史记》中所处的位置，可以推断淳于意成功吸引了地方诸侯藩王的注意力，即以亲齐国的政治立场让赵、吴等强国在文帝执政时期不敢轻举妄动。而且，"淳于意传"能够保留在《史记》中应该是得到了汉武帝的认同，符合"政治正确"，否则便不会流传后世。就此，我们就能够合理解释为何缇萦上书的内容故意省略了其父的罪状、罪名和刑种：一则可能是为了避免贻人口实，让地方藩王难有反驳之机，以"此处省略一万字"的形式来上书，乃背后团队一致认同的最保险的方式；二是司马迁为了让后人只关注缇萦的孝行和文帝的仁德，故意删减上书情节，用比较隐蔽且安全的方式来纪念淳于意及其势力对汉帝国政治之功。以上两种可能都证明了淳于意对文帝制衡诸侯发挥了不可忽视的作用。

文帝最终同意淳于意继续留在刘将闾身边，是为了进一步巩固削减齐国势力的政治成果，并借此可以向赵、吴等大国表明齐国同中央高度一致的政治立场，足以暂时打消赵、吴等国试图发难中央的念头。更重要的是，文帝抢在地方诸侯之前将废除肉刑这一重大利好施之万民，赢得了最重要的民心支持，更是让赵、吴等国不得不重新考虑反叛的时机是否合适，这无疑推迟

了"七王之乱"的爆发，为景帝能够赢得这场生死攸关的恶战争取了时间。

值得注意的是，在淳于意案发的前一年（文帝十二年，前 168 年）三月，文帝"除关无用传"，即等同于解除了汉廷与藩国之间的敌对（防范）关系。其原因在于，文帝即位以后优容诸侯王，力图以"仁义恩厚"的方式实现"天下同姓一家"①。既然是"天下同姓一家"，中央王朝和诸侯王国之间就不应该是带有敌对性质的"国与国"的关系，原来严格身份审查、禁止人口和违禁物品流出关外、禁止诸侯王国人娶"汉人"为妻等禁令应当解除。在"以孝治天下"的名义下，"除关无用传"是西汉前期中央和诸侯王国关系的历史转折，也是西汉前期政治变迁的一大标志。直到平定吴、楚"七王之乱"以后，景帝见诸侯王公然抛弃了"天下同姓一家"的目标，于是开始大规模地削藩，同时"复置诸关用传出入"②，标志着对诸侯王国的政策由文帝时期的"仁义恩厚"和"权势法制"并举（贾谊之建议）、倚重"仁义恩厚"，改为专用"权势法制"以打击诸侯王国势力，加强中央集权。③"除关无用传"作为文帝废除肉刑前的惠及诸侯王（借机做大做强）和百姓（主要是市场商贸流通获利）④ 的一大良政，可以说是文帝借用"天下同姓一家"这一孝道化解皇权和王权紧张关系的预演，进而将这种孝道惠及天下，启动了更广泛更深入的肉刑改革，为确立皇权对王权的更大优势提供了民心保障，进一步证明了文帝废除肉刑绝非因感动于缇萦孝行的即兴之作，原本就是汉廷为获得相对于诸侯的绝对优势而作的战略布局之关键一环。

（杨源哲，广东技术师范大学法学与知识产权学院讲师，法学博士；沈玮玮，华南理工大学广东地方法制研究中心研究员，法学博士）

---

① 《汉书·荆燕吴传》。
② 《汉书·景帝纪》。
③ 臧知非：《论汉文帝"除关无用传"——西汉前期中央与诸侯王国关系的演变》，载《史学月刊》2010 年第 7 期。
④ 关于汉初关中和关外人财物流动的限制，参见臧知非：《张家山汉简所见汉初中央与诸侯王国关系略论》，载《陕西历史博物馆馆刊》（第 10 辑），三秦出版社 2003 年版。

宪法整合视域下社会监督的双重功能

谢郁

【内容摘要】 社会监督不仅仅在于督促国家实现技术性功能，在国家更本原的意义上，还具有宪法整合的功能。后者指社会成员基于法治主义之共识，通过特定的程序、通道实施监督行为，实质性地参与到国家职能的运行之中，其个人的人格发展、在共同体生活中的实质地位亦在这一过程中得以体验、验证，从而产生对国家的精神认同，这是国家维系和发展壮大的重要因素。监督整合功能的发挥需要两个方面的条件：一是共同体成员对国家基于特征历史文化因素形成的法治主义理念的认同；二是监督的程序和通道必须具有充分的参与性，让国民在参与过程中体验到自身在共同体中的实质地位，进而产生情感与价值认同。而且，两方面的条件必然根基于每个人生活所在的地方场域，并深刻关联着地方的法制状况。

【关键词】 社会监督　法律实施　宪法整合　辅助性原则　地方法制

社会监督，即社会力量参与法律实施的监督，有两种模式：权利救济式监督与公共参与式监督。然而，如宪法基本权利的保障制度、信访制度、社会团体登记管理制度、政府信息公开制度、立法审查建议制度、行政诉讼制度等相关法律制度的效力与实效性严重脱节，是目前社会力量参与法律实施监督机制面临的困境。导致这一状况的原因在于——对这一监督机制的功能、性质认知的模糊和偏差。① 传统理解上，社会力量对公权力机关实施法律情况的监督，是一种"社会"对"国家"监督，属于外在监督，其有利于督促公权力机关遵守法律、增强守法意识，从而在整体上提升国家的法治化水平。② 然而，这仅仅是社会监督在"技术性"层面的功能，无论是官方还是学界，对于社会力量参与法律实施监督的"国家整合功能"均处于无意识的状态。

所谓"国家整合"，是指作为国家这一政治共同体成员的国民，基于共同意志、采取共同行动，促进国家的维系和壮大的过程；法治状态下的国家整合必须在宪法之下展开，宪法为国家整合、国家生活提供法秩序，法治国家的国家整合乃是宪法之下的整合，可称为"宪法整合"③。由于无法充分认识到社会力量参与法律实施监督的宪法整合功能以及受到消极的"维稳"思维的影响，官方更容易接受或者仍然沿用一种基于计划经济体制、总体主义社会的观念——任何不受控制的有组织的社会力量均属于社会稳定的解构性力量，而这种观念的本质是对国家与社会二元对立式的理解。④ 在这种潜意识的支配下，我国关于社会力量参与法律实施监督的制度设计显现出一种

---

① 一般学界将其归为意识层面，即公民积极参与监督意识淡薄和党政机关自觉接受监督意识淡薄，而导致相关的监督制度机制不完善或难以落实。参见陆亚娜：《我国社会监督存在的问题及其原因分析》，载《江苏社会科学》2007 年第 2 期；张亚娟：《关于权力的制约和监督研究》，中共中央党校 2005 年博士论文；莫于川、林鸿潮：《〈政府信息公开条例〉实施准备调研报告——以苏闽川滇数省等作为考察重点》，载《法学》2008 年第 6 期；贺海仁：《合法性审查的微观方法与权利救济——我国公民合法性审查建议权的实践逻辑》，载《法律适用》2015 年第 5 期；刘睿：《群众性与法治性：信访制度改革的张力及其反思》，载《政治学研究》2020 年第 5 期等。然而，为何会产生这样消极的意识，根本上还是在于对社会监督的功能、性质认知的模糊和偏差。
② 传统是以个人为视角去理解监督的，通过其正当性来论证监督的必要性。比如，将社会监督作为公民权利实现的重要机制，是人民当家作主的必然要求，是公民的一项神圣权利等。然而，这种理解会不可避免地带来某种公民与国家间的对立，甚至被视为外部对宪法政治体制的冲击。参见林来梵：《宪法学讲义》，清华大学出版社 2018 年版，第 393 页；王月明：《公民监督权体系及其价值实现》，载《华东政法大学学报》2010 年第 3 期；秦小建：《论公民监督权的规范建构》，载《政治与法律》2016 年第 5 期等。
③ 参见［德］鲁道夫·斯门德：《宪法与实在宪法》，曾韬译，商务印书馆 2020 年版。
④ 当前的法团主义分析或者多元主义分析进路，都隐含这样一种二元对立假设，因而将政府整合与社会自主、政府能力提升与社会组织增值，以及社会组织发展中的他组织建构与自组织进化之间的紧张关系予以绝对化。参见苏曦凌：《政府与社会组织关系演进的历史逻辑》，载《政治学研究》2020 年第 2 期；陈付龙、赵红全：《公共参与的历史流变：国家与社会关系视界的论证》，载《岭南学刊》2016 年第 5 期等。然而，通过一种结构功能主义式的理解，虽然意识到中国政会关系的复杂性，并看到其中的分化与整合，但这种整合是基于结构—功能式的互动，并将所有对象客体化了，忽视了个体参与公共生活体验本身对于自身人格健全与国家共同体生活的必要性。

悖论：作为社会力量自身发展与参与法律实施监督的前提条件的言论自由、结社自由与监督权等基本权利在宪法和法律层面得以高调地宣示、确认，但在这些权利的贯彻、落实机制中，却总是倾向于作出限缩性、压制性的规定；政府信息公开等作为社会力量实施法律监督的重要的参与性、互动性机制，在制度设计上亦显现出明显的公开性、透明性不足，等等。这导致了我国社会力量参与法律实施监督的制度呈现出明显的效力与实效性脱节的问题。

因此，以下将从宪法整合视角阐释社会力量参与法律实施监督的双重功能，进而分析社会参与法律实施监督这一外部监督制度面临困境的根本原因，最终从宪法整合、国家的维系与地方法制发展的角度对其完善方向提出思考与建议。

一、认知框架：国家功能的类型化

参照传统国家学说，鲁道夫·斯门德的宪法整合理论指出，国家的功能可三分为：法的目的与功能，福祉目的与功能，以及权力目的与功能。任何较大的法律部门都同时具有法的价值、行政管理价值（即福祉功能）以及涉及领域更为广阔的整合价值（即权力功能）。这三种功能具备同等的重要性，但后者因其特殊性处于主宰性、前提性地位。① 国家的权力目的与功能在传统宪法学视野中，甚少提及。对于国家权力，也多在立宪主义视角下着重对其如何规范及限制进行研究。然而，毫无疑问，国家必然具有基于权力的整合功能，也即需要解决一个问题：在现代契约社会下，作为独立个体的哪些人同意生活在同一政治共同体内，或者说如何促使人们形成现代认同，并组成政治共同体。② 在这个意义上看，整合功能是具有前提性的，是国家前两种功能实现的基础和保障。国家在把人类社会组织转化为一个契约共同体方

---

① ［德］鲁道夫·斯门德：《宪法与实在宪法》，曾韬译，商务印书馆2020年版，第103页。
② 金观涛先生在《历史的巨镜》中，据其系统演化论史观，提出现代性三要素为工具理性、个人权利和立足于个人的民族认同，并指出若没有第三个要素，仅凭工具理性和个人权利是无法形成政治共同体的。此外，金观涛先生也清楚意识内部整合和演化对传统社会的现代转型之重要意义，但这一点显然不是一蹴而就，也不是自然而然发生的，是需要国家发挥其整合功能来完成的。参见金观涛：《历史的巨镜：探索现代社会的起源》，台北：台北风云时代出版股份有限公司，第26-43，79-90页。

面起着关键作用,这一关键作用正是通过整合功能展开的,法与福祉的目的与功能无法越出国家范围,也无法在一个松散乃至充满冲突的政治组织内得以稳定实现。为此,我们将以现代(法治)国家为视角,于宪法框架下把这三种功能划分成两种不同的国家功能类型——法的目的与功能、福祉目的与功能属于国家的技术性功能;权力目的与功能,在宪法框架下表现为宪法整合,此乃国家的整合性功能。这是我们认知社会力量参与法律监督机制的前提性框架。

(一)国家的技术性功能:法的功能与福祉功能

具体而言,法的功能指的是将国家视为价值中立的形式意义上的法秩序,其目的是维系社会秩序、规训公权力与保障人权。国家最基本的功能,即设立国家机关、确定其职权的内容和范围,以及规定个人针对国家所享有的权利和应负担的义务,就产生于此。法的功能预设了"国家为恶"和不信任主义的前提,国家借助具备形式理性的宪法和其他法规对国家权力和公民行为进行指引、预测和评价,以建立和维护民主社会的秩序。这一立场极清晰地将国家统治与法秩序连在一起,由法律决定国家与个人之间的关系。为了防止公权力的异化,国家通过法律定义自身,国家权力的组织、分配和运行均被纳入规范性轨道。例如我国宪法第5条规定,"一切国家机关和武装力量、各政党和各社会团体、各企业事业组织都必须遵守宪法和法律。任何组织或者个人都不得有超越宪法和法律的特权"。在此种功能下,国家权力服膺于法秩序,国家是法规范的统一体,其治理常态是客观和确定的。

同时,保障安全与限制公权力并非法的功能的根本目的,而只是为了实现人权保障这一最终价值的手段。国家将全民通过公意产生的"确信法律"进行公告,使全民明确自己已产生何种意志,从而应当具备何种权利与义务。此外,宪法与其他法律赋予个人对国家的监督权,以期尽可能地规范公权力的运行。法的功能在最大程度上缜密地保护个人免受公权力侵害,从而实质性地维护个人自治与尊严,实现自身的核心目标。从这一意义上讲,法的功能与目的是立宪主义、自由主义的。

与法的功能不同,福祉功能旨在对国民进行生存照顾、提供生存福祉,国家权力对社会的功能从消极转为积极。在世界范围内,为了摆脱经济、政治危机,国家的福祉功能成型于第二次世界大战后的英美,后影响到诸多欧洲大陆国家。进入20世纪80年代后,伴随着社会人口的老龄化和医疗手段的现代化，养老基金和医疗保险费用不断激增，带来了巨大的社会保障财政赤字。在此背景下，一系列的判例、法律和学理讨论确认了国家确有义务援助贫困者、年老者或失业者。① 社会保障似乎也被看作是自由内容的扩张，是普遍的公民权利，而不再被认为是一种慈善事业或者特权。② 其考量的是，不完善的市场经济体制会对个人产生种种不可预期的风险，如果政府没有一套较为完善的社会保障体系，则不论是有职业的个人还是失业人群，都会普遍产生一种焦虑不安的情绪，最终成为社会秩序失态的主要根源。为了避免处于经济上弱势的国民遭受剥削，保证社会公平、促进经济结构的整体繁荣，国家需要对社会和经济进行全方位的干预。③ 福祉功能以生存照顾为核心概念，以国家责任为后盾，国家的法定的和不可变更的任务是"排除危险"，对国民的社会经济权利予以保障。国家借助政治和行政管理力量，从三个方向上努力纠正市场作用：第一，不论个人和家庭的工作和财产的市场价值，保障其最低收入；第二，使个人和家庭有能力应对包括疾病、失业在内的诸多社会突发事件，提高其安全程度；第三，不歧视公民地位或等级，确保他们在社会认可的一定社会服务内获得最好水平的服务。④ 诸如"民生""物质帮助""给付""服务行政"等语词，都是国家福祉功能的体现。

显而易见的是，上述两种价值立足于国家与个人的二元对立语境，国家与个人之间存在着截然对立的、无法化解的紧张关系。在发挥法的功能与福祉功能时，国家肩负着诸如限制公权、增进福祉、保障人权等较为具体的技术性任务，借助法秩序及其他相关合法的必要手段，以提升行政效能与技术性统治能力为重点，促进目的的实现。因而在此国家也被理解为一种"运营"和实现手段。在这种设定下，个人在其面前承担着客体的角色，因此或多或少流露出一种拒斥国家观念的态度。

综合上述两种功能的特点，本文将该两种功能统称为国家的技术性功能。与之相对应，权力功能则指向国家的整合性功能。

---

① 如美国国会于20世纪30年代至90年代先后通过《社会保障法》《个人责任和工作机会协调法案》，美国联邦最高法院作出西岸宾馆诉帕里什案等判决支持福利案件中的请求。
② [美]埃里克·方纳：《美国自由的故事》，王希译，商务印书馆2002年版，第292页。
③ [德]哈特穆特·毛雷尔：《行政法学总论》，高家伟译，法律出版社2000年版，第17页。
④ [英]阿萨·布里格斯：《历史视野中的福利国家》，丁开勇译，载丁开杰等选编：《后福利国家》，上海三联书店2004年版，第1页。

(二) 国家的整合性功能：宪法整合

国家的整合性功能指涉维系共同体的存在与壮大。此功能的理论基础——整合理论是以特奥多尔·李特的生活哲学的现象学方法为基础，意在将国家现实理解为一种意义关联和精神生活体验，且通过一种感同身受式的理解把握其规律。① 斯门德否认目的论思维，认为个体不能被绝对化或者客体性地孤立化，从而将国家想象为一种基于个人所设定的特定目的而创造的东西；国家也不能从对于它而言外在的意义领域中寻找到国家本身的根本性解释。② 个体是表达、理解、参与精神生活的政治共同体成员，通过主动行动或者被动体验，在这种精神生活中塑造、满足自己的本性。与此同时，国家也不是个体的产物，个体对自身人格的培育和发展只能在国家的精神生活中展开与实现，国家是个体本性发展和意义塑造的持续性的、不断更新的过程。二者互相作用，是有着"辩证的关联秩序的要素"③。这一过程就是"整合"，即整合作为国家生活的根本过程的整体，使得国民在归属性和精神联结的精神性体验的意义上，在国家中持续不间断地团结、统一。因而，国家整合功能的核心关切就在于保障国家的存在与发展壮大。这一功能强调国家与个人之间交互实现、相互强化的辩证关系。④ 并且，正是由于这种辩证关系，个体在整体结构中具有内在的弹性和灵活性，而国家也能有效对抗个体的客体化。

整合理论强调宪法之下的国家整合，宪法是国家生活的法秩序，国家整合必须在宪法之下展开。在现代法治国家中，宪法是政治共同体依照法律治理国家生活的根本原则、规则与未来指向性的价值体系，⑤ 通过宪法兼顾个体生活，从而大大丰富了国家与个人的关系，并确保了国家未来发展的开放性。斯门德将宪法视为整合过程的法秩序，是国家整合的法律工具与动态的秩序。但同时，宪法具有特殊地位，它的根本任务便是具有绝对必要性的整

---

① 参见［德］鲁道夫·斯门德：《宪法与实在宪法》，曾韬译，商务印书馆2020年版，第12页。
② 参见［德］鲁道夫·斯门德：《宪法与实在宪法》，曾韬译，商务印书馆2020年版，第14–17页。
③ 参见［德］鲁道夫·斯门德：《宪法与实在宪法》，曾韬译，商务印书馆2020年版，第13页。
④ 斯门德认为，个体与集体是"社会性地咬合着的"。参见［德］鲁道夫·斯门德：《宪法与实在宪法》，曾韬译，商务印书馆2020年版，第12页。
⑤ 韩大元：《中国宪法文本中"法治国家"规范分析》，载《吉林大学社会科学学报》2014年第3期。

合,且宪法只能依靠自身内在的力量激发、疏导这一过程,以保障国家形式上的存在和生活。没有宪法的国家整合是危险的不稳定的。例如马克斯·韦伯所说的克里斯玛型的合法性统治,如果在宪法缺失的条件下依靠个人魅力进行国家整合,在宪法、法律虚无主义的状态下,依靠领袖的个人魅力和人格进行国家整合,是很不稳定的,当领袖的肉身消失的时候,或者个人与他所承载的价值产生撕裂的时候,这种整合就会出现危机。因此,在现代法治国家,国家整合一定是宪法整合。宪法体系可以看作是一个整合系统。①

那么,国家通过何种要素实现整合功能?斯门德依照经验要素,将整合分为人的整合(通过人员的整合)、功能整合(通过程序的整合)和质的整合(通过价值的整合)。

首先,人的整合是指依附于特定的人的整合,尤其是通过国家领导、其他行政官员及具有整合力量的人而实现整合,例如君主、领袖和内阁等。这些具有整合力量的人员在履行其使命时,虽然也实现着技术上的任务与功能,但是更为重要的是整合功能,即他们处于"被领导者之领导"的地位。这些人员通过集体获得力量后必须成为人民总体的体现,将全体人民整合为国家性统一体。②

其次,功能整合是"任何一种具有整合的功能和方法的集体生活方式"③,透过动态的政治程序中各种程序技术以实现整合国家的目的。这一要素的有效性取决于两方面:社会共识的存在以及人民内在性地参与国家这一共同体的生活。功能整合的过程使得个体的集体属性得以凸显,并有效缓解了集体内部由于斗争产生的紧张关系。例如议会协商就是典型的整合活动,代表们在议会这个提供内部斗争的解决场所的机制中交互争论,并且同时提升了个人对共同体的生活体验,无论其为多数派还是少数派。④ 此外,这种对抗也能在"同步体验着的国民中引起群体的建构、联合,形成特定政治上

---

① 在托伊布纳看来,宪法是法律系统与其他社会功能子系统的耦合结构,换言之,社会各功能子系统间的激扰或共振,都是通过宪法这一耦合结构实现的,也正是在这一意义上,社会各功能子系统不会分崩离析、拓张解构,并维持着整个社会系统的有效运作。
② [德] 鲁道夫·斯门德:《宪法与实在宪法》,曾韬译,商务印书馆2020年版,第37页。
③ 张志伟:《依宪法之整合——Rudolf Smend 的整合理论及其影响》,载《台北大学法学论丛》(主办单位:台北大学法律学院)第101期。转引自 Smend, a. a. O. (Fn. 17), S. 148; Smend, Integrationslehre, a. a. O. (Fn. 58), S. 476; "Alsfunktionelle Integration wirken sehr verschiedene kollektivierende Lebensformen."
④ [德] 鲁道夫·斯门德:《宪法与实在宪法》,曾韬译,商务印书馆2020年版,第47页。

的总体立场"①。协商达成合意的过程也就是国家被整合为一个整体的过程。

最后,任何一种功能整合都以质的整合,即实质性价值意涵为基础。这一要素所指涉的不是形式上的要素,而是从价值实现的角度观察国家。② 国家是一种现实,国家与意义实现是同一的。只有当作为一种价值整体时,国家才是体验的统一体。③ 这种价值意涵,尤其是象征化意涵具有很强的整合作用,④ 较之于僵硬、由他人进行表述的法律内容更显灵活性,个体可以按照自己的方式理解、参与国家生活,因而能更加深刻地体验到自己所在的政治共同体的价值和自身在其中的牵涉性,并进一步化解对国家的对抗情绪。⑤ 并且,这种价值意涵不是固定不变的,而是处于流动之中,孕育于流变不息的历史、文化、现实和未来趋势之中,是被不断重新设计的对于人的意志有动员能力的实现行动的目标。⑥

与个人和集体的关系一样,上述的整合功能的三个要素间也存在辩证关系。三者之间相互依赖,尽管不同整合形式中各个要素发挥的重要性并不相同,但共同体的整合功能必须同时通过这三种要素才能有效发挥,这一点是毋庸置疑的。

二、社会监督的双重属性

上述国家功能的二分为我们认知社会力量参与法律实施监督提供了基本的认知框架,也即社会力量参与法律实施监督应当指向的两类功能,进而所具有的双重属性。因为若对法律实施作广义理解的话,那现代法治国家的上述两类功能——技术性功能与整合性功能的实现,必然是通过法律实施完成的。国家的任何行为必然都是依法开展的,都是某种意义上的法律实施,不存在完全与法律无关的国家行为。就中国而言,中共中央"依法治国""依法执政""依法行政"的提出,正是这一判断的最佳注脚。需要注意的是,由于这两类功能的差异,社会力量参与和确保它们实现的法律实施监督的逻

---

① [德]鲁道夫·斯门德:《宪法与实在宪法》,曾韬译,商务印书馆2020年版,第50页。
② [德]鲁道夫·斯门德:《宪法与实在宪法》,曾韬译,商务印书馆2020年版,第58页。
③ [德]鲁道夫·斯门德:《宪法与实在宪法》,曾韬译,商务印书馆2020年版,第59页。
④ 例如通过国旗、国徽等象征作为整体的国家。
⑤ [德]鲁道夫·斯门德:《宪法与实在宪法》,曾韬译,商务印书馆2020年版,第61–62页。
⑥ [德]鲁道夫·斯门德:《宪法与实在宪法》,曾韬译,商务印书馆2020年版,第63页。

辑、路径和目的均不相同,以下将基于个人与国家的关系展开具体阐述。

(一)个人(社会力量)与国家(法律实施)的关系

"个人(individual)"一词源自于拉丁文 individuus,其本意为"不可分割的",波埃修斯(Boethius)曾借用这个词来翻译希腊词原子(atom),以表达不可切割(uncuttable)、不可分割(undividable)的意思。Individual 作为最终不可分割之个体的意义早已出现在古希腊,但其在 15 世纪前从未被用来指涉人。被用来指涉人的"individual",直到洛克的《人类理解论》(*Essay Concerning Human Understanding*)中,才被赋予社会意义。在 17 世纪以后,它被明确用来表达互相分离的独立个人。这种转变有着重要意义,后者意味着将个人从家庭、国家等组织中区别出来意识之呈现。① 同样,根据汉娜·阿伦特的解读,"社会(societas)"这个词的原意是个人为了达到自己的目的而自愿形成之组织,它和由等级、共同文化以及血缘组成的共同体(universitas)或有机体不同。② 在十七世纪前"社会"一词从未被用于指涉人类生活在其中的组织系统。与此同时,还诞生出另一个与之紧密相关的词——"公共空间(public sphere)",哈贝马斯认为它"是传统社会不曾有过的组织形态",指"人类事务中这样一个领域和机制:该领域处在私领域和国家之间,在这里人们可以通过公共理性讨论个人意见和选择,即存在着将"私"合成"公"的机制。③

在这样一个背景下,实际存在着诸多对个人与国家(政治共同体)关系的理解,尤其当国家从社会中分离而又被视为一个独立实体之后,个人与政治共同体关系间的对立一面将被凸显,个人联合组成政治共同体的一面被忽略,而仅仅限于市民社会层面。换言之,个人与国家关系被人为割裂开来,从而通过英美法治传统理念(rule of law)与霍布斯以来的"国家性恶论"传统的继受,呈现出"个人与国家"或"社会与国家"之间的二元对立、对抗关系,彰显了以个人主义、自由主义为核心价值的立宪主义立场。在这种"个人与国家"二元对立关系认识之下,社会力量对法律实施的监督就同样呈现出一种对抗性,由此在国家看来,个人或个人联结而成的社会组织,

---

① Maxwell Macmillan, Encyclopedia of Sociology, Macmillan Reference USA, 2000, pp.901.
② [美]汉娜·阿伦特:《私人领域和公共领域》,旺晖、陈燕谷编,《文化与公共性》,生活·读书·新知三联书店 1998 年版,第 74 页。
③ 参见 Habermas Jurgen, The Structural Transformation of the Public Sphere, MA: MIT Press, 1989.

始终具有一种瓦解性的特质,是对其统治权威或稳定性的一种挑战性力量。同时,在个人看来,国家成了一股不断侵蚀社会公共空间及个人空间的力量,因而需要联结成组织才能形成一股可以抗衡的社会力量,进而得以实现对国家权力运行、法律实施的监督。可见,这种对公民监督行为的理解是扭曲和偏颇的,导致社会力量的监督对象仅仅是在维护国家法律的权威、确保公民权利的实现的目的下,限于国家机关能否合法地履行其职能。显然,通过前述国家功能的二分框架可以得知,这只是国家技术性功能的实现方面而已。

在整合理论中,斯门德回到了个人与政治共同体的现代最初关系模式中,但将国家"作为有精神导向的行为构造的共同体"。① 这不仅仅是一种限于个体让渡部分权利的社会契约式的形式联合,个人与国家的关系呈现出一种辩证的关系。这种辩证关系强调的是个体与他者关联所形成的群体性精神体验,构成了共同体的生活,即国家是国民个体的群体性的精神体验。与此同时,作为国民精神体验的国家,又为个体人格的发育、成长,个人价值的实现提供了场域,个体的自我现实必须在共同体的精神生活中展开。另外,共同体的精神生活不是静态的,而是经由个体生活体验不断地塑造、更新,从而焕发出勃勃生机。因此,在整合理论的视角下,国家获得了一种新的认识,即国家的本质就是国民形成共同意志,结为一体的精神性体现。在这种关系下,国家不是以人作为出发点的某种精神性统治力量的客体,对国家构成之客观要素进行探究是一种空间化、静止性思维的歧路;也不能目的论式地将国家想象为被个人设定了特定目的并由个人发动起来的东西。② 概言之,将国家看作某种客观实体,或者外在目的论式地理解国家或为其提供正当性依据的做法,是不可行的。因为社会性不来自于个人的天然禀赋,而在于人参与了群体生活,且只有受到了精神共同体方面的激发作业,个体才具备参与精神和社会生活的能力;社会为个体所承载,但仅存在于各个个体之中,如果精神共同体被界定为实体的话,则意味着将精神性和社会性的创造性归因于集体整体,以及将个体局限于被动接受者的角色。

从个人与国家这样一种辩证关系角度去看,社会力量对法律实施的监督就呈现出与前述对立关系截然相反的理解。国民参与对法律实施的监督,实

---

① [德]齐佩利乌斯:《德国国家学》,赵宏译,法律出版社2011年版,第45页。
② 参见[德]鲁道夫·斯门德:《宪法与实在宪法》,曾韬译,商务印书馆2020年版,第15-16页。

际是一种个人参与群体生活的必要方式，个人在其中将受到精神共同体的激发而获得参与精神和社会生活的能力，致使监督实际具有一种整合性的特质。因此，一方面，在国家看来，国家生活过程的本质乃是整合，国家需要不断地整合，通过国民的参与不断地整合，而对法律实施的监督就是一种不可或缺的国民参与方式，也就是一种重要且高效的国家整合方式。另一方面，对于个人而言，国家意味着一种精神作为的可能性，故而也是人格自我发展的可能性，个人以自身或与他人联结成社会组织的方式，通过对法律实施的监督得以有效地参与到国家生活过程之中，进而更好地全面发展自我的人格。

（二）监督行为的双重功能

通过上述对个人（社会）与国家关系的分析与论述，我们可以获得一种与传统认知完全不同的个人与国家关系的理解，在这个视角下，社会力量对法律实施的监督行为呈现出不一样的特质。这种不同将影响监督行为的逻辑、路径和目的。简言之，提供法秩序、给国民提供生存造福，是国家的一种技术性功能，而共同体的维系和壮大，即整合功能才是国家的最基本的功能。个人（社会）与国家的辩证关系，使得社会力量参与法律实施的监督，更应该发挥监督的整合性功能，当然，在督促国家实现技术性功能的背景下，监督也是不可或缺的。因此，社会力量对法律实施的监督行为，具有双重功能。

1. 督促国家实现技术性功能

社会力量对国家实现技术性功能的法律实施的监督，目的是督促国家法的功能与福祉功能的实现，即公权力职能的依法履行，维护国家法律的权威和确保公民权利的实现。现代法治与立宪主义的基本假设是将国家与社会（个人）关系视为二元对立、基于国家性恶论主张社会对国家的控制与监督，尽管这一观念被认为是现代法治精神的核心要义，但如果过于偏颇地强调这一点而忽略了国家与社会（个人）关系的其他层面的内容，将导致两者之间关系的疏离，甚至将社会力量对公权力实施法律的监督视为两者之间对抗的机制。

在宪法整合理论的视角下，国家与社会（个人）处于互为强化的辩证关系之中，个人对国家技术性功能的监督，实际上是对国家官员体系，即公权力职能是否依法履行的监督。在技术性国家行为的实质成效中，可以区分技术官僚与政治官员的作用。其中，政治官员，尤其是国家领导、代表及具有整合力量之人的整合功能，属于整合要素中的人的整合部分，主要是通过官员所承载、象征的某种价值或精神而在共同体生活中发挥认同和凝聚效应。这并不涉及国家技术性功能。而技术官僚，才是施行技术性国家行为的主体，社会对其监督才能保障国家技术性功能的实现。因此，社会力量督促国家实现技术性功能的关键，在于确保技术官僚依照法律履行其公权力职权，在这个意义上，由于并不涉及国家的整合性功能，自然也不侵害到国家的整合，反而是政治共同体整体维系所必需的，因为任何一个现代国家在道义上都肩负着诸如限制公权力滥用、增进福祉、保障人权等基本的职责和技术性任务。为了提升行政效能与技术性统治能力，借助法秩序及其他相关合法的必要手段是必不可少的，而通过具有直接相关性的社会力量对这一过程进行监督则是其中的主要内容。

2. 社会监督的整合性功能

社会力量参与法律实施监督尚具有重要的国家整合功能，即个人与社会组织（组织化的公民个体）通过监督法律实施从而参与国家功能运行，在共同体的生活之中体验、验证个体的生活意义与人格意义，从而产生凝聚效应，增进共同体的发展与壮大。如前所述，现代法治国家整合性功能实质是一种在宪法框架下的整合，其中包括人的整合，功能整合和质的整合三大机制。尽管这三种整合机制之间存在着不可割裂的联系，但社会力量参与法律实施监督的整合功能，主要通过功能整合体现出来。

功能整合的要义在于参与，让个体在参与中将某种意涵设定为共同体的属性，或强化其对共同体的体验，因而具备一方面强化共同体的生活另一各方面强化各个参与者的生活之双面功能。因此，在社会力量参与法律实施监督的机制中，如何建构一系列保障个人与社会组织的有效参与机制就成为关键问题，即社会力量对法律实施的监督实质上是一个参与式的监督，无论是基于权利救济式的监督或是公共参与式监督，只有通过深度的、贯穿始终的参与程序，才能让公民与社会组织体验到在国家职能的运行过程中的自身的主体地位（而不是被动的、被管理被支配的客体）。如在权利救济式监督中，公正、透明、互动式的参与机制，不仅可以有效地监督公权力的依法行使并实现权利救济（实现监督的技术性功能）。更为重要的是，这种机制赋予了公民和社会组织在这一过程中的主体，并产生自身的权利救济诉求的被重视、被尊重的体验；而在公共参与式监督中，公民与社会组织基于公益考量实施特定的监督行为，深度的、充分的参与机制，则可以激发出参与者的"主人翁"意识与"当家作主"的感觉。在此过程中，参与机制发挥着如下作用：让参与者通过自身体验产生对规则的认同、对法律制度的认同，进而上升为对国家法治建设、社会主义法治国家这一国家的宪法属性的认同。

功能整合的有效性取决于两个方面的因素：一是以价值共识（社会基本共识）为前提，即国家的功能运行与个体的参与在保留此种价值共识的前提下展开。因此，不存在不以实质价值为基础的功能性整合，功能整合必然包含实质性价值。二是以所有人都内在性地参与共同体的生活为前提。

就第一点而言，作为一种宪法整合机制，社会力量参与法律实施监督所赖以展开的价值共识应当是作为共同体成员的公民与社会组织对宪法规定的法治原则的普遍认同。我国宪法自1999年修宪就规定了"依法治国""社会主义法治国家"之原则。这一原则具有丰富的多层次的价值构造，其中，党的领导是其首要的内容，它发挥着总体的引领作用。社会主义法治原则中的党的领导，最基本的含义就是中国共产党的依宪执政、依法执政，党的活动必须在宪法和法律的范围之内。2004年9月，党的十六届四中全会提出的《中共中央关于加强党的执政能力建设的决定》就是党意识到这一问题并提出来的解决方式——"依法执政""依宪执政"是新时期中国共产党执政的基本方式，自此，党的领导与法治原则融为一体。尤其党的十八大以来，一以贯之强调"坚持党的领导、人民当家作主、依法治国有机统一"。概而言之，我国宪法中的社会主义法治原则最终关怀在于：赋予中国共产党领导的人民民主政权以法理合法性，即在国家政权的历史合法性、绩效合法性基础上为其增加新的、更为坚实的内容——赋予党领导的人民共和国政权法理合法性（法理型统治）。目前这一认识已经成为举国之共识，亦为社会力量参与法律实施监督的功能整合提供了实质价值基础。

就第二点而言，涉及社会力量参与法律实施监督的广泛程度。一个有效的功能整合必然要求所有的成员参与其中。这就要求社会力量参与法律实施监督的机制在宪法、法律等各个层面建立起广泛而深入的参与机制。如根据依法监督的原则，作为监督权宪法依据的公民监督权的落实机制必须做出重大调整，通过理性的程序设计保障公民广泛的批评、建议、申诉、控告与检举权；而宪法上的表达自由和结社自由乃是社会力量参与国家功能运行过程的基础性条件，需要落实法律保留原则予以保护，这是扩大参与程度、保证参与机制有效性的前提性条件。此外，在信息公开制度、公民法规审查建议、重大公共事项决策机制这些公民参与的基础性制度，均需要改变固有观念，进行积极的制度改革与开放性的制度建构。

三、社会监督的有效场域

社会力量参与法律实施监督，其功能整合的有效性来自于价值共识前提与内在地参与共同体生活。其中，价值共识方面，与其说是基于程序，在更多时候是源于具体生活实践的，即便宪法规定了特定价值（如《宪法》规定的法治原则，也主要是在形式或程序意义上取得的共识），其价值内涵依然是在每个人的日常生活实践中得到实质性内容、体验的填充，并由此被丰富的。另外，共同体生活的内在参与方面，前述提及的公民监督权落实机制的调整措施，实际上都需要落实到地方法制之上。在互联网信息时代，虽然我们是可以脱离地域地参与精神性交流，并在全国性乃是世界性的问题上发表我们的看法，然而我们在当中实际无法获得充分的精神性体验，因为很难意识到它们是对我们日常生活具有至关重要的意义，也无法预见它能够对我们生活领域的形成产生影响。我们身体的现实性、感知与活动范围的有限性，决定了每个人可内在参与的共同体生活的边界，始终具有近邻性与地方性，并使得"共同生活带来了文化和文明的多样性，也促成了生命和人格的多样化开展"①。

因此，若从正当性而言，政治共同体若具有正当性，它必定为作为成员的人格实现提供了可能和保障，每个人在内在地参与共同生活中自由发展了自身的人格。然而，当政治共同体越庞大，个人在共同生活中参与共同体意志形成所能发挥的作用份额就会越小，从而个人将越发无法内在地参与共同生活，将时刻感受到疏离感以及自身的不断边缘化，这不是仅仅通过扩大参与程度、保证参与机制有效性就能克服的，恰恰是由于参与的广泛性而自然导致的。这是宪法整合所必然面对和需要克服的问题，否则就会导出中央化的问题，并在中央化的过程中不断瓦解整合自身。对于此问题，德国著名公

---

① ［德］齐佩利乌斯：《德国国家学》，赵宏译，法律出版社2011年版，第154页。

法学者齐佩利乌斯已然深刻地揭示出来："在这之中，首先是不断膨胀的、常常又异化于公民的、中央集权的官僚体制以及工业社会的发展，后者使个体日趋功能化并逐渐丧失与共同体紧密的、私人化的联系。这些发展使公民感觉到，自己越来越疏离已经形成的社会结构。"① 为了应对这一问题，需要让公民能够重新参与到对他而言至关重要的、可预见的生活领域的形成过程。因而，一方面，各级地方政府、民族区域自治机关、基层自治组织等机构组织就有其重要意义和功能，通过这些机构组织，政治和行政统一体才可能重新回归到"人性化"的轨道中来，使公民重新获得对作为精神体验的国家之体验，而非在整合过程中异化为"功能化"的存在；另一方面，监督是将个人从共同生活的边缘化境况中迅速捕获聚光灯的重要机制，正是由于社会监督制度的存在，每个人才能摆脱疏离感而时刻维系着与共同体的联系。因此，监督整合功能的发挥，不会因为广泛参与而削弱个人在共同体意志形成过程中所能发挥的作用份额，反而能使之更有效且内在性地参与到对他而言至关重要的、可预见的生活领域，也即地方法制的形成过程，并发挥公民个人的作用。而且，监督是一种实践性活动，是一种对偏离法律活动的发现机制，而不是一种臆想，或者脱离实践的一种态度性表达，因此社会力量参与法律实施的监督，必然是根基于其生活世界的，也即生活所在的地方场域之中，并深刻关联着地方法制的形成。每个人所实感的必然是地方法制的运行状况，并对其进行监督。

由于上述两方面的原因，辅助性原则（subsidiarity principle/principle of subsidiarity）② 在宪法整合与社会监督的观照下就有其无可比拟的重要意义。辅助性原则对此的要求是：第一，下位优先，"上位层级的联合体只能履行那些小的下位层级的联合体或是个人无法很好履行的职能，或者这些任务交由上位层级的联合体履行效果更好；或者是上位层级只有在紧急必要的情形下才能做出行动"；第二，说明义务，"对于所有由中央层级行使的功能，都必须说明，为什么下层级的联合体不能很好地予以完成""某项事务是否真

---

① ［德］齐佩利乌斯：《德国国家学》，赵宏译，法律出版社 2011 年版，第 157－158 页。
② 关于辅助性原则的发展，从社会学说到政治原则，再到法律原则的过程介绍，参见李旭东：《辅助性原则及其对中国央地关系法治化的意义》，载《哈尔滨工业大学学报》（社会科学版）2017 年第 5 期。另，关于辅助性原则的核心内涵，可宣称为"在地治理原理"，参见李旭东：《"在地治理原则"对国家治理体系现代化的意义》，载《哈尔滨工业大学学报》（社会科学版）2019 年第 1 期。

的必须要由政治联合体进行规范,而不能由公民进行'私人自治'"。① 可见,辅助性原则是为了确保公民能够内在地参与到对他而言至关重要的、可预见的地方生活领域的形成过程,它能够纠偏现代以来国家权力日益加强之后造成的强国家、强中心化趋势之影响,而这种恰恰是宪法整合理论所批判的国家客体化与公民功能化的问题。

人们常常对更高层级的权力机构的行动效率有更高的期待,而且个体在地方共同体中受到不公正对待或压制时,也完全能够诉诸上位层级的权力机构寻求帮助。但在这些情形中,上位层级的权力机构都是作为辅助性的角色出现的,在必要情形下发挥其功能。这是因为当权力不断向组织集中、向政府集中,在政府之内又向上集中,最终将导致个人无法参与政治共同体生活,无法获得国家的精神性体验,无益于国家这一共同体的维系和发展壮大。国家看似在秩序意义上的社会整合能力得到了增长,但个人无力、社会虚弱、基层失权的结构使得国家整合能力成为无源之水、无本之木,并须时刻警惕不受控制的有组织的社会力量的产生,任何一种有组织的社会力量都能够成为瓦解社会稳定的力量。与此同时,社会力量无法为异化为客体的国家所接纳,因为国家与个人关系在个人从共同政治生活中疏离及边缘化后,就必然树立起二元对立关系。而且,由于权力的向上集中,个人越来越远离对他而言至关重要的、可预见的生活领域的形成过程,那些对个体行为进行规范、控制和协调的,可预见的,可信赖的,并使其能够产生归属感的生活秩序,已然变得陌生和只是作为客观知识被经验。在此情境下,个体对法律实施进行监督的路径就变成努力寻求到更上位层级乃至中央层级的权力机构,来完成对更能深刻影响自身生活秩序的下位层级的权力机构的监督。换言之,个体无法再内在地参与到共同生活,个体与共同体的精神性关系发生了断裂,个体在整个过程中成了附属性、被动性、功能性(提供信息)的存在。

辅助性原则是对不同功能层级的任务和权限,以及个人自治范围进行划分的一项普遍性的结构原则,从而也决定了社会监督有效运行的场域及方式。社会力量参与对法律实施的监督,必然也是具结构性的,且在不同结构上有不同的制度性安排。但无论何种结构及安排,社会监督要具有实效性,必然是要使公民个人能够内在地参与到自身生活秩序的形成过程中,否则只

---

① [德]齐佩利乌斯:《德国国家学》,赵宏译,法律出版社 2011 年版,第 158–159 页。

能沦为一种正当性的修饰。每个人的生活秩序，实际并不是由中央的法律法规直接规定的，而是中央的法律法规在地方层面的再生产，也即地方的法制状况所塑造的。就此而言，终究是地方法制的建构，需要深刻地建立在社会力量对法律实施有效地监督的基础之上，以及地方法制的建构，同时也应该能够为社会力量对法律实施监督提供有力的保障。

四、结论

综上，社会力量参与法律实施监督的机制，其功能并不仅仅在于对公权力守法状况的监督，在国家更为本原的意义上，尚具有宪法整合的功能——社会成员基于法治主义之共识，通过特定的程序、通道实施监督行为，实质性地参与到国家职能的运行之中，其个人的人格发展、在共同体生活中的实质地位亦在这一过程中得以体验、验证，从而产生对国家的精神认同，这是国家维系和发展壮大的重要因素。这一功能的发挥需要两个方面的条件：一是共同体成员对国家基于特征历史文化因素形成的法治主义理念的认同；二是监督的程序和通道必须具有充分的参与性、让国民在参与过程中体验到自身在共同体中的实质地位进而产生情感与价值认同。而上述两方面的条件，又必须植根在地方场域之中，以地方法制的形式予以呈现，并由此获得保障。

（谢郁，广东工业大学政法学院讲师；本文是研究阐释党的十九届四中全会精神国家社科基金重大项目"加强对法律实施监督研究"［20ZDA034］的阶段性成果）

从"参考"到"依据"：
论重大行政决策听证中听证事实的效力

杨仕武　卢鹏

> 【内容摘要】听证是行政程序法的核心制度，也是形成证据的基本方式，具有"准司法"属性。但从我国现行重大行政决策听证的制度和实践来看，听证未能与座谈会等民调形式实质性地区分开来，"听"而不"证"，听证事实——不能以证据的属性约束行政机关的重大行政决策行为——只具有"参考"价值，不具有"依据"效力。本文认为，在那些选择了听证程序的重大行政决策中，经过听证所确定的事实，应当具有结论性证据的效力，成为行政机关作出重大行政决策行为的事实依据。
>
> 【关键词】重大行政决策　听证　听证事实　参考　依据

一、问题性引言

问题一，重大行政决策中有听证吗？我们知道，听证是行政执法的重要程序之一，然在行政决策中，特别是重大行政决策中，也可以采用听证程序吗？答案是肯定的。国务院《重大行政决策程序暂行条例》（2019 年）第十六条明确规定，在"决策事项直接涉及公民、法人、其他组织切身利益或者存在较大分歧的，可以召开听证会"[①]。有学者甚至指出："与人民群众切身

[①] 《重大行政决策程序暂行条例》（2019 年 5 月 8 日发布）第十六条规定，决策事项直接涉及公民、法人、其他组织切身利益或者存在较大分歧的，可以召开听证会。法律、法规、规章对召开听证会另有规定的，依照其规定。

利益相关的决策事项，市县政府不能独自拍板，这些事项必须推行听证制度。"① 也有学者认为，在行政决策听证中，"所有程序参加者都必须通过事实和理由沟通、说服，最后的结论必须直接依据这一过程中已经被接受了的事实和理由作出"②。国务院《重大行政决策程序暂行条例》第三条对"重大行政决策事项听证的范围"作了明确规定，简单概括就是：三个制定行为（制定政策、规划或政策措施）和两个决定行为（决定重大项目或事项）。③

　　问题二，重大行政决策中存在事实问题吗？我们认为，在重大行政决策中，不仅存在科学意义上的事实根据问题，也存在法律意义上的事实依据问题；尤其是在决策事项"直接涉及公民、法人、其他组织切身利益或者存在较大分歧"时，行政决策应该建立在证据事实的基础之上。而听证的基本功能，就是确定证据意义上的事实。我国行政法学家王名扬曾举例说，在1933年6月美国第一摩根案件中，农业部部长要作出一个限制堪萨斯市牲畜市场买卖牲畜代理服务收费最高价格的决策，"法律要求部长举行正式听证作出决定，这个决定具有准司法性质，有较高的程序要求，必须以听证所确定的事实，作为决定的依据"④。我国行政法学家应松年认为："听证也被称为'审判型听证'"，"目的在于某些不利行政决定对当事人的权利将产生重大影响，可以通过高度司法化的程序构造来正确认定事实。"⑤ 美国学者皮尔斯也说："法律中'听证'一词要求行政机关'经听证'解决事实问题之含义。"⑥ 可见，在重大行政决策中，不仅存在事实问题，更主要是存在决策的证据事实依据问题。因此，在行政机关作出重大行政决策时，一旦选择了听证方式，就意味着此项决策进入了"准司法"程序，进入了以事实为"依

---

① 谢丹：《福建所有市县政府重大行政决策推行听证制度》，载《政府法制》2009年第7期，第53页。
② 魏建新：《行政决策参与问题研究》，北京大学出版社2018年版，第74页。
③ 《重大行政决策程序暂行条例》（2019年5月8日发布）第三条规定，本条例所称重大行政决策事项（以下简称决策事项）包括：（一）制定有关公共服务、市场监管、社会管理、环境保护等方面的重大公共政策和措施；（二）制定经济和社会发展等方面的重要规划；（三）制定开发利用、保护重要自然资源和文化资源的重大公共政策和措施；（四）决定在本行政区域实施的重大公共建设项目；（五）决定对经济社会发展有重大影响、涉及重大公共利益或者社会公众切身利益的其他重大事项。
④ 王名扬：《美国行政法》，北京大学出版社2016年版，第375页。
⑤ 应松年：《行政程序法》，法律出版社2009年版，第126–130页。
⑥ ［美］理查德·J. 皮尔斯：《行政法》（第五版）第一卷，苏苗罕译，中国人民大学出版社2016年版，第436–437页。

据",以法律为"准绳"的程序。

问题三,何谓重大行政决策听证?本文讨论的重大行政决策听证,主要是指——在上述两个决定行为中——当"直接涉及公民、法人、其他组织切身利益或者存在较大分歧"时,行政机关选择听证程序后所组织的听证。其特点主要有五:第一,决策事项影响比较重大。第二,直接涉及特定社会群体的切身利益。第三,是选择性的程序。听证并非重大行政决策的必经程序,只是一种选择性程序,是行政机关根据决策事项的性质和特点,自主选择的程序;然一旦选择了听证,就必须符合听证的性质和要求。第四,为决策服务。重大行政决策的核心是决策,听证只是其中的一项程序,通过与专家论证、风险评估、合法性审查等程序,共同构成了重大行政决策的一个完备的程序体系。听证程序擅长解决决策所须依据的法律事实问题;专家论证程序擅长解决决策所须依据的科学事实问题;风险评估程序、合法性审查程序,主要解决决策中的风险问题、合法性问题;各种程序,各司其职,相互支撑,为决策这个核心工作服务。第五,重大行政决策听证,是科学决策、民主决策、依法决策三个原则精神的集中体现。在重大行政决策中,既有法律问题也有事实问题。事实问题,可以划分为科学意义上的事实(科学事实)和法律意义上的事实问题(法律事实)。科学事实主要通过专家论证确定,而法律或证据事实则主要通过听证确定。

问题四,重大行政决策听证的本质是什么?重大行政决策听证的本质,不是单纯的民主决策问题,也不是单纯的科学决策问题。国务院《重大行政决策程序暂行条例》将听证视为行政决策的民主"参与"和事实"真实"问题——"只有经过充分的讨论和质证,决策针对的一般事实的真实情况才会越来越清晰,解决问题的对策才可能会更加科学、实用,才能减少决策失误。"[1]——固然是正确的;但就本质而言,重大行政决策听证是民主、科学和法治三者的统一。我们认为,听证是一种将一般事实转化为证据事实的"准司法"程序。有学者指出:听证程序"基本上师法司法程序而设计","强调程序的要式性及听证记录对于行政决策的拘束性"[2]。还有学者指出:"听证在形式上就来源于审判过程,庭审程序本质上就是一种非常严格的听

---

[1] 黄小玲、张运萍:《重大行政策听证制度研究》,载《探求》2009年第4期(新124期,总187期),第33-34页。
[2] 翁岳生主编:《行政法》下卷,中国法制出版社2009年版,第988、1031页。

证程序。听证是立法、行政、司法这三种公权力运行过程中所共有的一种程序制度。"① 听证的"本意是'听取证据'"②。因此，在本质意义上，重大行政决策听证，就是为行政决策提供证据意义上的依据，从而使行政机关的决策行为提升为两个原则方向上的统一体：第一，是政治民主与科学实证的统一体；第二，是确定事实与适用法律的统一体。就此本质而言，行政机关一旦选择听证作为重大行政决策的方式，那就应该既要"听"（即民主和科学）也要"证"（即法治）：通过"听"——将决策需要依据的事实问题进行充分的倾听、交流和质证；进而达到"证"——确定事实并为最终决策提供法律事实依据的目的。

问题五，我国重大行政决策听证存在的制度症结何在？从近年来我国重大行政决策听证的制度实践来看，效果并不理想，屡遭诟病：听证会"听也好，证也罢，都是聋子的耳朵——摆设，不过是为了走形式、做样子，走过场而设"③。有些听证会甚至被异化为"证明"行政决策民主性的工具，被公众戏谑地称为行政决策合法性的"背书会"。有学者尖锐指出，如果行政机关举办的听证会只是某种作秀或表演，那就"不再是公民防御公权力侵害的预防性程序，反倒成了行政机关防患于未然的保护伞"④。从中央和地方两个层面的立法规定来看，听证事实的效力至今尚不明了，甚至存在混乱，未能明确赋予听证事实的——作为行政决策事实依据的——法律属性，致使重大行政决策听证过程，往往不免流为摆设或形式。有学者指出，"不从根本上解决行政决策听证效力问题，行政决策听证制度的进一步发展空间将愈加狭窄。"⑤ 简单来说，在我国重大行政决策听证制度中，存在的关键问题在于：有"听"而无"证"，即听证事实——不能以证据的属性约束行政机关的重大行政决策行为——只具有"参考"价值，不具有"依据"效力。

---

① 石肖雪：《行政听证程序的本质及其构成》，载《苏州大学学报》（法学版）2019 年第 2 期，第 75 页。
② 杨海坤：《关于行政听证制度若干问题的研讨》，载《江苏社会科学》1998 年第 1 期，第 77 页。
③ 朽木：《人民时评：谁来替百姓说话，我们需要怎样的听证会》，载人民网观点频道 2009 年 12 月 21 日，http://opinion.people.com.cn/GB/70240/10616381.html。
④ 张倩：《中国行政听证制度的功能困境及其治理》，中国政法大学出版社 2017 年版，第 95 页。
⑤ 朱海波：《论我国的行政决策听证制度——以决策听证的法律效力为视角》，载《政治与法律》2013 年第 7 期，第 103 页。

二、听证事实的效力:"参考"还是"依据"?

(一)"参考"还是"依据"?——立法文本的考察

1. "参考"与"依据"

从我国立法文本的分析来看,关于听证事实的效力,主要有"参考"与"依据"两种不同规定。从语义上说,"参考"与"依据"是不同的:"参考"是指在处理事物时借鉴、利用有关资料;"依据"则是作为论断前提或言行基础的事物。从法律效力上说,"参考"与"依据"也显著有别:首先,强制力不同。就重大行政决策听证事实的效力来说,"参考"意味着听证事实对重大行政决策只有借鉴价值,没有约束效力,决策行政机关可以采纳,也可以不采纳。而"依据"则意味着听证事实对重大行政决策具有约束力,行政机关应将之作为决策的前提或基础,应当采纳听证所确定的事实。其次,导致的后果不同。"参考"表明,行政机关即便不采纳听证事实也无需为此作出说明或承担任何责任。而"依据"则意味着,行政机关如果不采纳听证事实,就要承担相应的责任。有学者指出,"所谓'考虑''参考',就意味着行政机关对听证结论,若不愿采纳则可以完全不受其约束"。因此主张在立法上,应当"明确将听证意见和听证结论列为行政机关进行决策的法定依据""赋予听证结果强制约束效力。"①

2. 法律文本的考察

在我国重大行政决策的法规规章等立法文本中,关于听证事实的效力——从中央和地方两个层面来看——总体上被定性为"参考",而非"依据"。从中央立法层面看,关于重大行政决策中听证事实的效力问题,尚未上升到人大立法的层面,仍处于行政机关自律的层面。例如国务院《关于加强法治政府建设的意见》(2010年)明确规定,听证事实应当作为行政决策的重要"参考"。在国务院《重大行政决策程序暂行条例》(2019年)第十八条规定"决策承办单位应当对社会各方面提出的意见进行归纳整理、研究

---

① 朱海波:《论我国的行政决策听证制度——以决策听证的法律效力为视角》,载《政治与法律》2013年第7期,第102、104页。

论证,充分采纳合理意见,完善决策草案",但是并未明确听证事实的依据效力。从省级政府关于重大行政决策的立法文本看,大多数省市都赋予听证事实以"参考"的效力,也有部分省市赋予听证事实以"依据"的效力(详见文后附录)。具体分布情况如下:

(1)赋予听证事实以"依据"效力的地方立法。在行政机关作出重大行政决策之听证程序的相关规定中,明确赋予听证事实以决策的"重要依据"或"主要依据"的,主要有8个省(区、市),分别是:重庆、黑龙江、江西、青海、云南、山东、贵州和甘肃。例如《重庆市行政决策听证暂行办法》(2004年6月2日颁布)第三十条、《山东省行政程序规定》(2011年6月22日颁布)第三十五条,均明确规定——听证事实应作为政府作出行政决策的"重要依据"。再如《江西省县级以上人民政府重大行政决策程序规定》(2008年8月20日颁布)和《江西省重大行政决策事项听证办法》(2014年8月30日颁布),均明确规定——听证事实应作为政府作出行政决策的"重要依据"。另外,有些副省级市也将听证事实作为政府决策的重要依据。如《武汉市人民政府重大行政决策事项听证办法(试行)》(2006年5月22日颁布)第二十一条、《南京市重大行政决策程序规则》(2011年12月31日颁布)第十七条、《杭州市人民政府重大行政决策程序规则》(2015年10月13日颁布)第(十)点,也均规定——听证事实应是政府作出重大行政决策的"重要依据"。

《安徽省人民政府重大行政决策公众参与程序规定》(2017年4月26日颁布)第十四条、《甘肃省人民政府重大行政决策程序规定》(2019年9月25日颁布)第十七条的规定,都有一个明确的指向,即听证会或决策承办单位要独立对听证事实作出判断,"提出明确的结论性建议意见"。

《贵州省行政听证规定》(2012年2月2日颁布)第二十六条规定,"听证对有关事实和证据已经确认的……"。这个表述也说明,听证应该履行对事实和证据确认的职能,为决策提供依据。

听证会和座谈会、说明会、研讨会、民意调查等性质是不同的,座谈会、说明会、研讨会、民意调查完全是征求意见性质的,不具有确定事实的职能,其意见仅具有参考的价值。但是听证是确定证据的一种"准司法"程序,在重大行政决策中一经选定,即应独立承担起对事实作出判断和确认的职能,不能与座谈会等混为一谈,唯有如此,才能"名副其实",让听证制度变得有意义。

（2）赋予听证事实以"参考"效力的地方立法。在行政机关作出重大行政决策之听证程序的规定中，赋予听证事实以决策的"重要参考"的，主要是3个省（区），分别是宁夏、广东和广西。例如《广东省重大行政决策听证规定》（2013年4月1日颁布）第二十七条、《广西壮族自治区重大行政决策程序规定》（2020年1月22日颁布）第二十五条，均明确规定——听证事实作为政府作出重大行政决策的"重要参考"。

此外，湖南、福建、湖北、江苏、内蒙古、辽宁、安徽和河北8个省（区）的相关立法规范，虽未明确使用"参考"二字，但却要求行政机关在重大行政决策中"充分考虑、采纳听证意见"。其"充分考虑、采纳"的表述，其实就是"参考"；只是将"参考"的内涵在操作层面细化强化，但仍未达到"依据"的地位。例如《湖南省行政程序规定》（2008年4月17日颁布）第一百三十九条、《湖北省人民政府重大行政决策程序规定（试行）》（2013年7月16日颁布）第三十一条、《安徽省人民政府重大行政决策公众参与程序规定》（2017年4月26日颁布）第十四条，均规定要"充分考虑、采纳"听证代表的合理意见。另外，还有一些城市，如《大连市重大行政决策听证办法》（2009年6月19日颁布）第二十一条、《东莞市重大行政决策听证办法》（2015年1月13日颁布）第三十一条，也都规定听证事实作为政府作出重大行政决策的"重要参考"。

（3）未明确听证事实效力的地方立法规范。在行政机关作出重大行政决策之听证程序的规定中，未明确听证事实的法律效力的，主要有四川、天津、浙江、山西、上海和吉林等12个省（市）。例如《天津市人民政府重大事项决策程序规则》（2008年5月23日颁布）第十三条、《浙江省重大行政决策程序规定》（2015年8月31日）第十条，都只涉及在何种情形下应该组织听证，但未明确规定听证事实的法律效力。

（二）"参考"还是"依据"？——英美法制的考察

1. 美国

（1）听证是正式裁决中确定事实的法定程序。在美国行政法中，"行政机关的裁决必须以事实为依据，在正式裁决中为了确定事实，除少数情况外，必须举行正式听证，根据当事人所提供的证据以确定事实"①。其中包含三个方面的含义：第一，行政机关的准司法行为必须以事实为基础。第二，行政机关一旦选择听证方式作出决定，原则上应采用正式听证程序确定事实，而不能采取其他程序确定事实。第三，行政听证以确定证据为核心，让"利益受到威胁的人有机会呈示证据并质疑行政行为的事实依据和法律理由"，行政机关应"根据可定案证据进行事实认定"②。

（2）重大行政决策属于裁决的范畴。"行政机关在制定法规以外，作出其他影响当事人权利和义务的决定的行为，都是广义的裁决"，"广义的裁决是联邦行政程序法中所规定的裁决。"③ "除非行政机关将其定性为'规则制定'。"④ 这也就是说，制定法规以外的重大行政决策行为，在美国行政程序法中，都属于裁决的范畴。所以，在重大行政决策中，一旦选择听证，就意味着要通过听证来确定事实。美国科罗拉多州丹佛市行政机关拟作出一项重大行政决策，即修筑一条街道，并要求与街道相邻的土地所有人按照街道建成后所得利益的比例缴纳费用。在作出这项决策之前，行政机关选择通过听证的方式，给予利益相关者陈述意见的机会，以确定事实。为什么要进行听证呢？联邦最高法院在1908年的判决中认为，丹佛市行政机关作出这个决策，涉及的是特定的群体，以及他们应缴的费用，考虑的是特定的事实，所以需要组织听证。⑤

（3）听证事实作为决策的依据。在美国，行政机关进行决策时，其权力的行使受到规则的制约，特别是正式程序裁决的时候，要以听证事实作为依据。例如，1933年6月美国的第一摩根案的裁决，就要求"必须以听证所确定的事实，作为决定的依据""行政机关必须严格依据在听证过程中形成的听证记录来决定行政管理事宜"⑥，"行政法官的事实认定如果得到实质性证据的支持，行政机关应当予以支持"⑦。听证涉及的事实如果存在争议，需要

---

① 王名扬：《美国行政法》，北京大学出版社2016年版，第369页。
② [美]理查德·B.斯图尔特：《美国行政法的重构》，沈岿译，商务印书馆2011年版，第9页。
③ 王名扬：《美国行政法》，北京大学出版社2016年版，第311-312页。
④ [美]理查德·J.皮尔斯：《行政法》（第五版）第一卷，苏苗罕译，中国人民大学出版社2016年版，第701页。
⑤ 王名扬：《美国行政法》，北京大学出版社2016年版，第288-289页。
⑥ [美]理查德·B.斯图尔特：《美国行政法的重构》，沈岿译，商务印书馆2011年版，第9页。
⑦ [美]理查德·J.皮尔斯：《行政法》（第五版）第二卷，苏苗罕译，中国人民大学出版社2016年版，第782页。

行政机关进行裁定。裁定一般分为两种情形,一种是基础事实的裁定,另一种是最终事实的裁定(结果事实的裁定)。基础事实是具体的事实,是一种证据事实;最终事实的裁定,需要基础事实的支撑,基础事实裁定是最终事实裁定的基础。为何要对听证中的事实进行裁定,因为"行政机关的决定必须以特定事实的裁定作为根据"①。

2. 英国

(1) 听证是一种调查手段。英国的行政决策程序,除须遵守"自然公正原则"外,还要遵守调查程序,即行政机关在作出决策前,要先通过听证、公开调查等方式听取有关意见、调查有关事实。在英国行政法中,"公开调查其实就是英国的行政听证,该程序是由裁判所与调查法一并予以规定的。属于正式的听证形式的调查程序,具有与美国的正式的听证程序在美国行政法中所具有的相同的法律地位和功能"②。开展调查(听证)的原因很多,有根据法律规定的,也有根据行政需要的。例如部长(大臣)计划创设一个城镇、征购一块土地、改造一条街道,都要进行调查(听证)。调查(听证)的目的主要包括两个方面,一方面是维护当地群众的利益,使群众对行政机关即将作出的决策有陈述意见的机会;另一方面是为了掌握全面的情况,平衡各方面的利益冲突,让部长(大臣)作出更切合实际的决策。"这些调查的特征在于,有助于决策形成过程的正当化。"③

(2) 听证官具有认定事实的作用。在英国,确定事实的职能主要由调查官(听证官)行使。"调查官是经过特殊训练、由大臣任命、代表其进行听证的公务员","调查官的作用至关重要,即认定事实,尔后向大臣报告。"④大多数调查,均由调查官独立进行,但是"不管何种形式的调查,其共同特征是,调查人(或调查组)开展调查并出具报告的独立性"⑤。为何要开展调查,因为部长(大臣)需就有关问题向议会负责,所以部长(大臣)要了解掌握相关情况,并亲自作出决定。调查一般以部长(大臣)的名义进

---

① 王名扬:《美国行政法》,北京大学出版社2016年版,第375页。
② 应松年主编:《四国行政法》,中国政法大学出版社2005年版,第42页。
③ [英]威廉·韦德、克里斯托弗·福赛:《行政法》(第十版),骆梅英、苏苗罕等译,中国人民大学出版社2018年版,第716页。
④ [英]彼得·莱兰、戈登·安东尼:《英国行政法教科书》(第五版),杨伟东译,北京大学出版社2007年版,第230页。
⑤ [英]威廉·韦德、克里斯托弗·福赛:《行政法》(第十版),骆梅英、苏苗罕等译,中国人民大学出版社2018年版,第716页。

行，理论上最好由部长（大臣）亲自主持听证，调查清楚事实，最后作出决定。但是，这难以做到，因为部长（大臣）的工作太多，不可能每一件事情都亲自调查（听证），需要委托他人进行，而接受委托的人，主要就是调查官（听证官）。

（3）听证事实具有依据效力。因为调查（听证）结束后，调查官要对调查的事实作出判断，撰写调查报告，提交给部长（大臣）作决策使用。调查报告中的事实部分具有依据效力，"部长对于报告中关于事实的陈述不能任意变更。部长要变更报告中的事实部分，必须重新进行调查，使各方当事人都有陈述意见的机会"[①]。否则，部长（大臣）的决定有可能被法院宣告无效或者撤销。

（三）"参考"还是"依据"？——概念法学的思考

1. 听证事实的概念

我们知道，听证事实就是"听证所确定的事实"[②]。重大行政决策的听证，尤其强调下面两层意思：第一，听证事实是一般性的事实，而不是科学性、专业性或技术性的事实。重大行政决策中的听证事实，是一种与特定范围内群众的切身利益息息相关的一般性事实。而"科学技术层面的问题是不能通过听证会之类的途径来解决的"[③]。正如马怀德所说，"专家表达的是决策科学性的意见，其意见应当通过专家咨询会或论证会的方式得以呈现，而非在公众和利害关系人表达价值诉求的听证会中呈现"[④]。第二，听证事实不仅是一般性事实和价值事实，更主要是经过听证程序的质证所确定的证据事实。有学者指出，"就听证本身的目的来说，主要是弄清事实，发现真相，其核心程序是质证"[⑤]，"任何未经行政听证程序认定的事实及证据都不能作为重大行政决策作出的依据"[⑥]，"对经听证而作出的行政决定，必须以听证中经过当事人质证得以确认的事实作为依据"[⑦]。

---

① 王名扬：《英国行政法　比较行政法》，北京大学出版社2016年版，第111页。
② 王名扬：《美国行政法》，北京大学出版社2016年版，第375页。
③ 王文娟、宁小花：《听证制度与听证会》，中国人事出版社2011年版，第198页。
④ 马怀德主编：《行政法前沿问题研究》，中国政法大学出版社2018年版，第155页。
⑤ 杨海坤：《关于行政听证制度若干问题的研讨》，载《江苏社会科学》1998年第1期，第77页。
⑥ 桂萍：《重大行政决策的公众参与制度研究》，苏州大学出版社2016年版，第95页。
⑦ 孙树志：《行政程序法基本制度研究》，甘肃文化出版社2012年版，第38页。

我们说，听证事实，从本质而言，就是一种证据。一方面，它是一种言词证据，具有固定性，"是人的反映通过口头或书面形式所提供的并一般被固定在笔录中的证据"①；另一方面，它又是一种程序性结论，具有结论性。正如孙笑侠所言，"程序结果的确定性是法律形式化的重要标志之一。正像'说过某句话''签过字'所带来的效果一样"②。因此，听证就是一种确定证据的程序性方式，如同专业鉴定、自由心证一样，通过法定的程序，将一般事实变成证据事实。《贵州省行政听证规定》（2012 年 2 月 2 日颁布）第二十六条就规定："听证对有关事实和证据已经确认的，行政机关应当根据确认的事实和证据……作出行政行为。"

2. 听证事实的载体

陈光中说："证据是由内容和形式共同构成的。证据的内容即事实材料，证据的形式，它是证据的种种表现形式，就是证据事实的各种载体。"③ 就听证事实而言，听证笔录、听证报告、听证纪要、听证案卷等就是其主要载体。

（1）听证笔录。听证笔录是听证记录人对重大行政决策听证过程所作的一种客观书面记载，其记载听证会从启动到结束这段时间的事项，一般包括听证事项及内容；听证主持人、听证记录员的姓名、单位、职务；听证参加人的姓名、单位及住址；听证举行的时间、地点和方式；听证参加人提出的事实、依据、赞同或反对的意见；听证参加人质证、辩驳的内容；听证主持人认为应当记录的其他事项。听证笔录具有如下特点：第一，客观记述听证过程。听证笔录是重大行政决策听证过程的客观记载，其如实记录听证会上陈述的事实和意见，如哪个人陈述了什么事实、证据，质证和辩驳的观点有哪些，提出了什么意见建议等，均一一记录在案。特别是听证会上质证和辩驳的事实，是听证笔录记述的重点。听证笔录一经形成，不允许随意增加或减少内容。第二，严格遵循听证程序。听证笔录是在重大行政决策听证过程中形成的，伴随着听证程序的整个过程。未发生或未进行的程序、议程，不能记录到听证笔录中。第三，真实反映基础事实。听证笔录记载的事实是不同的听证参加人所陈述的相对分散的基础事实，是反映事实真实情况的第一

---

① 陈光中主编：《证据法学（第三版）》，法律出版社 2015 年版，第 217 页。
② 孙笑侠：《程序的法理》，商务印书馆 2005 年版，第 34 页。
③ 陈光中主编：《证据法学》（第三版），法律出版社 2015 年版，第 142 – 143 页。

手材料，但其并未对这种点状的基础事实进行分析判断，没有形成完整的证据链，依然停留在真实材料的表现上。第四，听证笔录中的事实是一种证据性事实，而非结论性事实。听证笔录记载的不仅包括听证过程中所呈现的分散的材料性事实，还包括听证程序所认定的事实。而"行政机关只能根据听证笔录中认定的事实作出决定"①。

（2）听证报告。听证报告是反映听证过程，并对听证事实作出分析研判、提出处理意见的一种书面报告。听证报告一般包括以下内容：听证事项；听证会的基本情况；听证参加人提出的主要事实、证据、赞同或反对意见及其主要分歧；听证所确定的事实；对听证事实的分析处理意见。听证报告一般具有如下特点：第一，综合反映听证的基本情况。听证报告对整个听证过程进行概述，反映听证会的全貌，既有对听证事实的分析，也有对听证意见的评判。第二，对证据事实进行分析研判。在听证会没有当场确定事实的情况下，如果说听证笔录只是基础事实的表现，还停留在零散的证据性事实层面的话，那么听证报告就是对这些分散的证据性事实进行分析、作出研判的一种材料，它以证据链的方式将分散的事实串连起来，形成了完整的证据链。第三，是一种结论性事实。听证报告体现了组织听证的行政机关或者听证会对事实的判断，以及对听证事实的处理意见。听证报告的作出，如同法医鉴定的作出一样，通过法定的程序，对零散的事实（如法医鉴定中的伤害程度、凶器种类、血型分析）进行分析研判，并作出结论的过程。它是一种确定事实的结论性意见，或者说是一种结论性事实。

就听证笔录与听证报告的关系而言，听证笔录是起草听证报告的基础，听证报告是听证笔录的进一步升华。如果说听证笔录记载的事实是听证事实的基础，那么，听证报告就是听证事实的充分展现，它们共同构成了听证事实不同层级的表现形式。但是无论是哪种形式，其最终目的都是为重大行政决策提供依据。正如一些学者所言，"应当赋予决策听证案卷所记载的各种事实材料以排他性的法律效力"②。有学者指出，"重大行政决策往往因为涉及重大的社会公益与大多数公民的切身利益，因此理应适用程序更为严谨的正式听证程序"③；而且，"依行政程序法一般原理，如以举行听证会形式听

---

① 石佑启：《行政听证笔录的法律效力分析》，载《法学》2004 年第 4 期，第 53 页。
② 桂萍：《重大行政决策的公众参与制度研究》，苏州大学出版社 2016 年版，第 113 页。
③ 桂萍：《重大行政决策的公众参与制度研究》，苏州大学出版社 2016 年版，第 94 页。

取意见的，其最终决定必须受到听证记录的约束"①。

（3）听证纪要、听证案卷。除了听证笔录、听证报告之外，还有听证纪要、听证案卷等各类名称的材料。听证纪要和会议纪要类似，是基于听证笔录而形成的一种反映听证过程的书面材料，听证纪要不像听证报告，一般不会对听证事实进行分析研判，只是作为已经组织过听证的依据，供有关行政机关查阅、存档。听证案卷是关于听证材料的一个总称，范围相对较广，一般包括听证笔录、听证报告、听证纪要以及和听证有关的材料，是一个"筐子"，全部材料集中在一起再现与听证有关的过程。

无论是听证笔录，还是听证报告，抑或是听证纪要、听证案卷，都是听证中各类事实的呈现载体，或如实记录，或客观反映，或分析研判，直至提出明确的结论性意见，但最终具有约束力的应该还是其所呈现的经过听证程序确定的事实，即听证事实。

3. 听证事实的效力。听证事实的效力是指听证事实对重大行政决策的约束力，即：作为一种证据的效力。我们知道，在司法领域，法院判决是"以事实为依据，以法律为准绳"的；特别是重大、疑难、复杂案件的判决，审判委员会要"根据合议庭或独任审判员的听证情况汇报进行讨论，即讨论的事实根据必须是法庭上的听证事实"②。同样，作为"准司法性"重大行政决策听证，其所确定的听证事实也应具有事实依据的效力。德国学者认为，"事实是行政机关作为或不作为的基础和必要条件。确凿的事实是行政决定的根据"③。我国一些学者也指出，"一旦使用听证，则要求听证会的举行对最终决定的作出要发挥实际作用"④，"如果决定者可以抛开听证程序去作决定，那么听证程序则完全沦为'作秀'，听证制度就没有存在的意义，听证程序也就变得可有可无"⑤。

---

① 章剑生：《行政听证制度研究》，浙江大学出版社 2010 年版，第 165 页。
② 梁玉霞：《听证事实主义及其局限性——以刑事诉讼为视角》，载《暨南学报》（哲学社会科学版）2006 年第 4 期，第 86 页。
③ ［德］沃尔夫、奥托·巴霍夫、罗尔夫·施托贝尔：《行政法》第一卷，高家伟译，商务印书馆 2002 年版，第 444 页。
④ 孙树志：《行政程序法基本制度研究》，甘肃文化出版社 2012 年版，第 38 页。
⑤ 王文娟、宁小花：《听证制度与听证会》，中国人事出版社 2011 年版，第 224 页。

三、建议或对策：从"参考"到"依据"

鉴于上述研究，兹提出以下建议或对策：

1. 赋予听证事实以证据性效力

要使听证事实成为行政机关重大行政决策的依据，就法学方法而言，最佳路径就是——赋予听证事实以证据效力。原因有三：

（1）赋予听证事实以证据效力是听证事实的本质使然。如前文所述，听证事实，从本质而言，就是一种证据。作为"准司法"程序确定的证据，理应具有证据效力，这是概念法学的基本原理和逻辑要求。有学者指出，决策听证制度"从本质上说是一种程序制度，是听证规则应用于决策的法律制度"[1]，应当具有法律制度的规范性和强制力。只有从法律制度上解决听证事实的效力问题，"才能彻底解决听证流于形式、沦为民主幌子的问题"[2]。

（2）赋予听证事实以证据效力是制约行政权力的需要。斯图尔特说："公开听证可以把公众引入决策制定程序之中"以制约行政权力，当"公众在决定重要公共政策问题的过程中发挥作用时，行政官员就不能以腾挪躲闪的方式轻巧地回避这种程序"[3]，其行政决策才会更加贴近实际、更加符合事实、更加科学合理。

（3）赋予听证事实以证据效力是科学决策、民主决策、依法决策三个原则辩证统一的基本要求。赋予听证事实以证据效力，一方面使代表民意的事实证据化、明确化、法治化，并最终成为决策层决策的依据；另一方面也促使决策科学化、合法化、正当化，使决策更具有说服力和正当性。社会公众通过听证"这种基于多种信息和交涉而获得的共识，无疑将是正当性的坚实基础"[4]。

---

[1] 魏建新：《行政决策参与问题研究》，北京大学出版社2018年版，第74页。
[2] 郭延安：《试论重大行政决策听证制度》，载《东方行政论坛》（实践篇）2012年第00期，第381页。
[3] [美]理查德·B. 斯图尔特：《美国行政法的重构》，沈岿译，商务印书馆2011年版，第130-131页。
[4] 王锡锌、章永乐：《专家、大众和知识的应用——行政规则制定过程的一个分析框架》，载《中国社会科学》2003年第3期，第117页。

2. 明确规定听证事实作为行政决策的依据

在法律法规中,完善听证事实的效力规则,明确规定听证事实作为行政决策(特别是重大行政决策)的依据。

(1) 在重大行政决策听证条例等立法规范中明确规定听证事实的依据效力。即:经听证程序确定的事实,是具有证据效力的事实,应当作为行政机关重大行政决策的依据。

(2) 明确规定听证会的基本职能——组织质证并确定听证事实。明确赋予听证会独立的地位和确定事实的职能,使之能够在充分质证和辩论的基础上,根据证据确定事实,并对听证事实的真实性负责。

(3) 进一步完善听证会的运作程序。在程序上将听证会与座谈会等民调形式区别开来,明确其"准司法"性质,并围绕听证事实效力展开,凸显其形成证据的功能,确保行政机关重大行政决策的科学性、民主性、法治性。

3. 研究制定全国统一的听证立法规范

当前,我国重大行政决策听证程序,主要规定在国务院《重大行政决策程序暂行条例》中,属"自律性"和"暂行性"规定,且较为原则性,难以满足实际需要。地方立法规范虽然出台较多,但比较分散,也不一致(详见附录),难以将听证制度的价值统一起来发挥出最大的效力。为此有必要制定全国统一的重大行政决策听证的法律或行政法规,对听证制度进行系统而全面的规定。具体可以从以下几个方面进行考虑:

(1) 以行政程序法专章的形式对行政听证制度作出规范。听证制度作为行政程序法的核心制度,在未来出台行政程序法条件成熟之时,可以将听证制度作为行政程序法专章,分几节对不同类型的行政听证程序(含重大行政决策听证)作统一的规范,这种方式亦符合立法体例的安排。

(2) 以单行法律的形式对听证制度作出规范。出台行政听证程序法,对行政立法听证、行政决定听证(含重大行政决策听证)等听证程序分别作出统一规范,以统一各类行政听证的程序和效力。当前,各类行政听证程序分别规定在不同的立法规范中,分类不一、标准不一、效力不一,有必要统一作出规范。

(3) 以单行行政法规的形式对听证制度作出规范。在上述两种情形条件还不成熟的情况下,可以先行制定出台重大行政决策听证条例,单独对重大行政决策听证程序作出规范,便于各级行政机关组织实施。但是,无论是行政程序法专章规定,还是行政听证程序法或是重大行政决策听证条例,均应明确规定听证会的性质、地位、职能、适用范围、具体程序,特别是明确听证事实对重大行政决策具有证据性的约束力。

附录　全国31个省(区、市)立法规范对听证事实效力的规定

序号	省(区、市)	立法规范名称	颁布时间	作为依据	作为参考	未明确效力
1	重庆	重庆市行政决策听证暂行办法	2004年6月2日	第三十条第一款"听证纪要应当作为听证机关行政决策或提出行政决策建议的重要依据。"		
2	黑龙江	黑龙江省人民政府重大决策规则	2006年6月26日	第十一条第一款"依法召开听证会,形成社会公示和听证报告,作为省政府决策的重要依据。"		
3	江西	江西省县级以上人民政府重大行政决策程序规定	2008年8月20日	第十二条第三款"听证会形成的听证报告应当作为政府决策的重要依据。"		
4	青海	青海省人民政府重大行政决策程序规定	2009年2月10日	第十五条"需要召开听证会的,应当召开听证会,形成听证会报告,作为省政府决策的依据。"		
5	云南	云南省人民政府重大决策听证制度实施办法	2009年2月25日	第十五条"经审查的听证报告是决策机关作出决策的依据。"		

续上表

序号	省（区、市）	立法规范名称	颁布时间	作为依据	作为参考	未明确效力
6	山东	山东省行政程序规定	2011年6月22日	第三十五条第二款"听证主持人根据笔录制作的听证报告应当作为政府决策的重要依据。"		
7	贵州	贵州省行政听证规定	2012年2月2日	第二十六条"听证对有关事实和证据已经确认的，行政机关应当根据确认的事实和证据，充分吸收、采纳合理意见和建议，作出行政行为。"		
8	甘肃	甘肃省人民政府重大行政决策程序规定	2019年9月25日	第十七条第二款"公众参与的结果作为省政府行政决策的重要依据之一。"		
9	宁夏	宁夏回族自治区行政听证程序规定	2005年6月17日		第三十四条"行政机关应当参照听证报告作出行政决策。"	
10	湖南	湖南省行政程序规定	2008年4月17日		第一百三十九条第一款"听证会应当制作笔录。"第二款"行政机关应当充分考虑、采纳听证参加人的合理意见。"	

续上表

序号	省（区、市）	立法规范名称	颁布时间	作为依据	作为参考	未明确效力
11	福建	福建省人民政府关于贯彻国务院加强市县政府依法行政决定的实施意见	2009年1月19日		第（九）点"对听证中提出的合理意见和建议要吸收采纳。"	
12	广东	广东省重大行政决策听证规定	2013年4月1日		第二十七条"行政机关应当将听证报告作为行政决策的重要参考。"	
13	湖北	湖北省人民政府重大行政决策程序规定（试行）	2013年7月16日		第三十一条"听证会应当由决策承办单位制作笔录。决策承办单位应当充分考虑、采纳听证代表的合理意见。"	
14	江苏	江苏省行政程序规定	2015年1月6日		第三十三条"决策事项承办单位应当将公众对决策方案草案的意见和建议进行归类整理，对公众提出的合理意见应当采纳。"	
15	内蒙古	内蒙古自治区重大行政决策程序规定	2015年3月16日		第二十一条"决策承办单位根据听证笔录形成听证报告，对合理的意见和建议应当采纳。"	

续上表

序号	省（区、市）	立法规范名称	颁布时间	作为依据	作为参考	未明确效力
16	辽宁	辽宁省重大行政决策程序规定	2015年10月19日		第十条"对公众提出的合理意见和建议，决策承办单位应当予以采纳。"	
17	安徽	安徽省人民政府重大行政决策公众参与程序规定	2017年4月26日		第十四条第一款"听证会应当由决策承办单位制作笔录。"第二款"决策承办单位应当充分考虑、采纳听证代表的合理意见。"	
18	河北	河北省重大行政决策程序暂行办法	2019年12月31日		第十八条"决策承办单位应当对社会各方面提出的意见进行归纳整理、研究论证，充分采纳合理意见。"	
19	广西	广西壮族自治区重大行政决策程序规定	2020年1月22日		第二十五条"听证机关应当根据听证笔录制作听证报告，并将听证报告作为决策机关决策的重要参考。"	
20	四川	四川省行政行为听证暂行实施办法	2004年12月9日			对于听证事实的效力，未作相关规定
21	天津	天津市人民政府重大事项决策程序规则	2008年5月23日			对于听证事实的效力，未作相关规定

续上表

序号	省（区、市）	立法规范名称	颁布时间	作为依据	作为参考	未明确效力
22	浙江	浙江省重大行政决策程序规定	2015年8月31日			对于听证事实的效力，未作相关规定
23	山西	山西省人民政府健全重大行政决策机制实施细则	2016年6月3日			对于听证事实的效力，未作相关规定
24	上海	上海市重大行政决策程序暂行规定	2016年10月31日			对于听证事实的效力，未作相关规定
25	吉林	吉林省重大行政决策程序规定	2019年10月18日			对于听证事实的效力，未作相关规定
26	海南					经查政府网站，未找到相关立法规范
27	河南					
28	新疆					
29	西藏					
30	陕西					
31	北京					

注：本附录中所搜索各地政府网站公布的立法规范时间截至2020年4月30日。

（杨仕武，法律硕士，广西壮族自治区人力资源和社会保障厅干部；卢鹏，法学博士，同济大学德国研究中心研究员）

从政策文本到实践展开：
地方性知识视角下的省域法治政府建设示范创建

方学勇　龙飘飘

【内容摘要】 法治政府建设是全面依法治国的重点任务和主体工程，法治政府建设示范创建则是实践中推进法治建设的主要抓手和重要动力机制。通过梳理法治政府示范创建活动的源起、动因、重要意义和运行机制等，发现省域示范创建推进过程实际上也是法治的地方性知识生产过程；通过研究示范创建的实际运行，发现存在创建动力机制供给不足等问题，提出应建立创建长效机制等对策建议。

【关键词】 法治政府建设　法治政府建设示范创建　动力机制　实证研究　省域法治建设　地方性知识　区域法治

一、问题的提出

党的十九大确定了到 2035 年基本建成法治国家、法治政府、法治社会的宏伟目标，要实现这个目标必须统筹兼顾、把握重点、整体谋划。2021 年 3 月 1 日，《求是》杂志发表习近平总书记重要文章《坚定不移走中国特色社会主义法治道路，为全面建设社会主义现代化国家提供有力法治保障》，习近平总书记在文中指出："建设法治政府是全面推进依法治国的重点任务和主体工程，要率先突破。"法治政府建设是法治中国建设主战场，也是法治社会建设的先导和示范。正如汽车需要完善动力机制才能正常行驶，法治政府建设也需要有其动力机制才能有效推进；而法治政府建设示范创建正是在实践中被确定为推动法治政府建设的主要抓手和重要动力机制。法治政府示范创建意指按照预定的指标体系对相关政府（部门）进行评估，评出法治政府先进典范，供其他政府（部门）借鉴学习的活动；法治政府示范创建是推进法治政府建设的重要抓手，是习近平总书记在中央全面依法治国委员会第二次会议上亲自审议的重要工作，在会上，习近平总书记强调指出，"法治政府建设应当率先取得突破，要加强对示范创建活动的指导，杜绝形式主义，务求实效"。

"地方性知识"是美国人类学家克利福德·吉尔兹在20世纪60年代提出的，用以解释地方性在影响政策实施过程中所起的作用。按照吉尔兹的解释，所谓地方性知识，是指"一种区别于惯常所谓普遍知识的新的知识形态，它主要是从知识产生形成的情境、知识适用的范围两个向度界定知识的本质"。可见，地方性知识实际上是关于地方知识生成的理论，所强调的是在生成背景下地方性知识的多元化与主观化。区域法治或者说地方法治是与地方性知识紧密相连的一个概念，也是近年来新兴的一个法学主题。"主权国家范围内的区域法治发展是一个多样性与统一性有机结合的过程。"[1] 区域法治不仅仅是国家法治在该区域之内的"镜像"，同时也具有能动性。在不违背国家法治基本内容的前提下，利用本土资源推动地方法治可以弥补高位阶法所无法涉及的部分。[2] 一方面，法治必须具有整体性与协调性。区域法治必须以国家法治的整体性与协调性为指导原则，服从国家法治建设的统一布局。另一方面，中国的"发展中法治"必须不断"发现"法治场域中的各种"地方性知识"。这既是法治政府建设研究不可或缺的一种理论维度，又是学者们在直面中国的"发展中法治"时所不得不正视的一块"理论园地"[3]。

从2019年开始，中央依法治国办在全国开展国家法治政府建设示范创建活动；结合本省实际，广东在配合做好国家级创建工作的同时，也开展了省一级的法治政府建设示范创建工作。在配合国家级创建方面，深圳、珠海、东莞、江门以及广州的南沙区等5个地区被授牌，获评数量全国最多。作为省域示范创建，一方面，广东示范创建必须接受"全国示范创建"语境的"规训"；另一方面，省级法治政府建设示范创建也通过自己独特的创建

---

[1] 公丕祥：《区域法治发展的概念意义——一种法哲学方法论上的初步分析》，载《南京师大学报》（社会科学版）2014年第1期，第57-72页。

[2] 夏锦文：《区域法治发展的法理学思考——一个初步的研究构架》，载《南京师大学报》（社会科学版）2014年第1期，第73-88页。

[3] 付子堂、崔燕、李家祥：《社会管理创新的"地方性知识"维度——以"法治中国"语境下的法治重庆建设为例》，载《河北法学》，2014年第32卷第12期，第12-18页。

进路和举措贡献出广东关于"示范创建"的"地方性知识"。本研究基于地方性知识的视角，以中央和广东示范创建政策为考察对象，探讨广东示范创建过程中的地方性知识的生成并进行理论解读，展示法治政府创建这一政策的实际运行过程，发现存在的不足，以期推进法治政府建设示范创建活动的持续完善和政策实践的创新发展。

二、法治政府建设示范创建的政策谱系

法治政府建设示范创建是推进法治政府建设的主要动力机制，创建活动的开展在整个法治政府建设谱系中具有重要地位和独特价值。法治政府建设示范创建的政策体系是否完善、政策制定是否科学、政策措施是否有效、政策工具选择是否适配等问题关系到法治政府建设能否有效推进和顺利完成。从政策体系、激励机制等多个维度对法治政府建设示范创建进行系统性考察和解读既有理论方面的必要性，又有现实层面的紧迫性。

（一）示范创建的演进过程

1. 国家级法治政府示范创建的脉络梳理

2004年以来，国家先后出台《全面推进依法行政实施纲要》《关于加强市县政府依法行政的决定》《关于加强法治政府建设的意见》等重要文件，为推进依法行政、建设法治政府提供了重要指南和依据，调动了各地方各部门推进法治政府建设的积极性、主动性。2015年12月，中共中央、国务院印发的《法治政府建设实施纲要（2015—2020年）》（以下简称《纲要》）提出，"积极开展建设法治政府示范创建活动，大力培育建设法治政府先进典型"。在《纲要》提出要求前，各省已陆续探索开展法治政府建设示范创建活动。

2019年5月，中央依法治国办印发《关于开展法治政府建设示范创建活动的意见》（以下简称《意见》）；同年6月，印发《关于开展2019年法治政府建设示范创建活动的实施方案》（以下简称《实施方案》），提出从2019年启动第一批法治政府建设示范地区评估认定开始，每两年开展一次，梯次推进，树立一批批新时代法治政府建设的新标杆，开创法治政府建设新局面。《意见》和《实施方案》设定了示范创建统一的、具体的标准，掀起了

法治政府示范创建活动的热潮。

2. 广东省示范创建基本概况

广东省法治政府建设示范创建工作起步较早，2013年广东省政府在全国率先以政府规章形式发布《广东省法治政府建设指标体系（试行）》，2015年省政府印发《广东省创建珠三角法治政府示范区工作方案》，启动珠三角地区法治政府示范创建工作。按照《广东省创建珠三角法治政府示范区工作方案》的既定规划和时间要求，2018年底珠三角法治政府示范创建工作基本收官。2019年，按照中央依法治国办统一部署，广东省全面启动新一轮的法治政府示范创建活动。根据国家级创建方案，结合当地实际，广东制定了省一级法治政府建设示范创建方案。8月，广东省印发《广东省开展法治政府建设示范创建活动的实施意见》和《关于开展2019年法治政府建设示范创建活动的实施方案》，全面启动广东省法治政府建设示范创建活动。就广东省而言，此轮法治政府建设示范创建活动包括两个层面：一是配合国家开展全国法治政府建设示范创建候选单位的申报和初审推荐等工作；二是组织开展省一级法治政府建设示范创建工作。

（二）作为地方性知识的省域示范创建

法治政府建设示范创建作为法治政府领域的"全国性常识"，其在全国不同省份的开展自然受到经济文化发展水平、地域人文等因素的影响，形成不同的地方性知识。广东在开展省域法治政府示范创建过程中，必然形成自己的创建进路和举措，即广东的"地方性知识"；广东创建活动接受"全国创建"语境的"规训"，并贡献出广东关于"示范创建"的"地方性知识"。

1. 关于创建原则

在国家级创建中，确定了坚持党的领导、坚持以人民为中心、坚持改革引领、坚持实事求是、坚持严格规范的创建原则。在省级创建方案中，根据实际情况增加了坚持辐射带动、坚持分类开展、坚持统筹推进三项创建工作原则。在辐射带动原则方面，根据珠三角和粤东西北经济社会发展地区差异较大的实际，明确创建名额按照珠三角和粤东西北区域分开、适度向粤东西北地区倾斜的原则，打造珠三角和粤东西北地区法治政府建设标杆；构建粤东西北地区也能看得见、够得着、可比较的示范典型。在分类开展方面，结合广东法治政府建设的重点和难点都在基层的实际，强化基层法治政府示范创建，确保不同类型、不同项目、不同层级特别是基层单位有一定数量的示范典型。在统筹推进方面，围绕提高创建效率、保障创建公平、减轻创建负担的目标，各地区可以自行选择申报全国或者省的示范创建项目，未能被省推荐为国家级创建项目的，自动成为省级创建申报项目。

2. 关于创建目标

国家确定创建目标是"推动到 2035 年实现法治国家、法治政府、法治社会基本建成的奋斗目标"；广东则结合本地实际，在其基础之上，增加"着力破解两大难题、突出三大亮点"等创建目标。在破解两大难题方面，一是着力破解法治政府建设层级不平衡问题，即省市县乡法治政府建设呈现倒三角，越到基层法治政府建设水平越有待加强的法治政府建设难题；二是着力破解地域发展不平衡问题，即粤东西北比珠三角法治政府建设水平弱的问题。在培育三大亮点方面，一是进一步强化基层减负指向，明确创建工作为自愿申报，不强制要求各地各部门申报；二是进一步拓宽示范创建范围，不局限于市县两级政府；三是进一步健全创建激励机制。

3. 关于创建对象与类型

在国家级创建中，示范创建对象包括市县政府，不包括政府部门。在省级示范创建中，扩大参与对象范围为地级市政府、县（市、区）政府（含开发区等各类功能区）；省政府组成部门、直属机构、部门管理机构，中直驻粤单位；市直（县直）单位；乡镇政府（街道办）、司法所。一是结合广东特大镇多的特点，将乡镇政府纳入创建范围。二是结合基层执法权主要由政府部门行使的实际，将政府部门纳入创建范围。三是结合司法所是法治工作的基层基础这一实际情况，将司法所纳入创建范围。

在国家级创建中，示范创建类型包括综合示范创建、单项示范创建单位两类；市县政府可以申报综合类或单项类示范创建单位。省级创建类型同国家级一致，并明确市县政府可以申报综合类或者单项类；而省直、中直驻粤单位、市直单位、市县单位、乡镇政府（街道办）级司法所只能申报单项示范创建单位。综合示范创建指符合中央全面依法治国办《关于开展法治政府建设示范创建活动的意见》市县法治政府建设示范指标体系 90% 以上指标的单位。单项示范创建要求在推进法治政府建设某一方面工作上具有创新性、引领性、典型性，在全国范围内居于领先地位、可复制、可推广。单项示范创建的项目，由各单位结合实际在优化法治化营商环境、加强事中事后监管、完善依法行政制度、推进行政决策公众参与建设、推进行政决策科学化民主化法治化、规范性文件制订、全面推行行政执法"三项制度"等法治政府建设工作中自主确定。

4. 关于创建认定程序与名额分布

示范创建采取自愿申报原则,在国家级创建中,申报认定程序包括自愿申报、初审推荐、第三方评估、人民群众满意度测评、实地核查、媒体公示、批准命名。省级创建程序包括自愿申报、初审推荐、第三方评估、人民群众满意度测评与媒体展示、实地核查、媒体公示、批准命名。在省级创建中,为提高社会公众参与权重,特增设媒体展示投票环节。

在创建单位名额分布方面,国家级创建并未根据各地经济水平和法治水平情况分开考虑,而是东中西部在同一个标准下进行创建。在省级创建过程中,坚持分类开展、均衡发展原则。从广东法治政府建设考评看,广东法治政府建设领域普遍存在层级和地区发展不均衡的问题。从层级差异看,省直、市直单位法治政府建设推进较好,县和乡镇等基层一线法治政府建设进展较慢;从地区差异看,珠三角地区法治政府建设力度好,粤东西北地区法治政府建设明显滞后。如果按照普遍性的示范创建方法开展,创建成功的市或部门会扎堆出现在珠三角地区,挫伤粤东西北地区的创建积极性。同时"示范典型"无法起到真正的示范带动作用。兼顾珠三角和粤东西北经济社会发展差异,既不搞平均主义,也不搞一刀切。创建名额按照珠三角和粤东西北区域划分,适度向粤东西北地区倾斜,分别打造珠三角和粤东西北地区法治政府建设标杆,以创建促提升,构建各地各部门特别是粤东西北地区看得见、够得着、可比较的示范典型。

5. 关于创建激励机制

创建激励是各地各部门进行申报的动力所在。在国家级创建中,创建的激励机制包括创建授牌、改革试点、干部培训交流优先、评先评优支持等。在省级创建方面,除上述激励机制外,还包括资金扶持、考评加分、绩效考核加分、评优评先比例倾斜等。资金扶持指对在全国法治政府建设示范创建或者广东省法治政府建设示范创建中获得授牌的地方按程序提请给予一定的创建资金扶持。考评加分指对被授予全国法治政府建设示范的地方、全国单项示范创建单位的地方政府予以不同程度加分;对于被授予广东法治政府建设示范地方、广东省单项示范创建单位的予以不同程度加分。绩效考核加分指对被授予广东省单项示范创建单位的,在省直机关绩效考核依法行政专项中予以加分。提高评优比例指在依法治省先进单位(个人)评选中,对被授牌的地区和单位,适度提高比例和权重。

三、实践展开:珠三角和粤东西北的分类比较

(一)示范创建总体情况

1. 主要做法

在推进创建的过程中,主要有如下做法:一是领导高度重视。省委省政府主要负责人高度重视示范创建工作,多次指示批示并专门审定上报中央的创建情况报告和推荐单位名单。省委分管依法治省负责人主持召开全省法治政府示范创建动员部署会。省委依法治省办领导多次专题听取创建情况汇报,通过"请上门、沉下去"的方式,对各地各部门创建工作进行具体指导。

二是有效激发创建动力。省委依法治省办扎实做好示范创建组织培训工作。以印发领导讲话为先导,以创建活动指引、工作专刊、专题培训会、创建调研为载体,扎实做好创建业务培训。印发包括97个问题共计一万余字的创建《工作指引(一)》和四万余字的《工作指引(二)》。做好示范创建宣传动员和舆论引导;推广各地创建经验、印发2期创建工作专刊;与主流媒体深化合作,在《法制日报》等印发宣传通稿5次,营造良好社会氛围;将创建工作纳入法治广东考评和绩效考评加分项。在全国率先基本建成法治政府建设示范创建系统,实现创建信息化,减轻基层负担。

三是全力以赴做好中央实地评估组迎检工作。对标创文创卫开展迎检工作。加强工作协调,印发迎检方案,指导各地市召开2轮以上迎检动员部署会,高标准做好迎检准备。结合第三方评估要求,针对各入围地区申报项目特点,赴各地市逐一进行业务督导。结合实地评估需开展暗访的特点,提前委托第三方开展实地评估模拟测评。印发省级法治政府建设示范创建活动前期情况通报,表彰先进、鞭策后进。

2. 总体申报情况

在国家级创建申报中,广东共有15个地市提交78个拟申报全国示范创

建的申请；经所在地市推荐，拟申报全国示范创建地区和项目共有40个（见表1）。

表1 各地申报全国法治政府建设示范创建单位统计表

序号	类型	申报单位	申报类型
1	综合创建	广州市人民政府	全国法治政府建设示范市
2		广州市南沙区人民政府	全国法治政府建设示范区
3		深圳市人民政府	全国法治政府建设示范市
4		珠海市人民政府	全国法治政府建设示范市
5		珠海市香洲区人民政府	全国法治政府建设示范区
6		佛山市南海区人民政府	全国法治政府建设示范区
7		佛山市顺德区人民政府	全国法治政府建设示范区
8		东莞市人民政府	全国法治政府建设示范市
9		中山市人民政府	全国法治政府建设示范市
10		江门市人民政府	全国法治政府建设示范市
11		茂名市茂南区人民政府	全国法治政府建设示范区
12		惠州市惠城区人民政府	全国法治政府建设示范区
13		梅州市人民政府	全国法治政府建设示范市
14		梅州市五华县人民政府	全国法治政府建设示范县
15		肇庆市人民政府	全国法治政府建设示范市
16		肇庆市德庆县人民政府	全国法治政府建设示范县
17		河源市人民政府	全国法治政府建设示范市
18		韶关市浈江区人民政府	全国法治政府建设示范区
19		韶关市翁源县人民政府	全国法治政府建设示范县
20	单项创建	广州市人民政府	行政执法数据公开
21		珠海市人民政府	行政复议全方位综合改革
22		汕头市龙湖区人民政府	法治文化宣传教育
23		佛山市人民政府	法治化营商环境
24		佛山市禅城区人民政府	一门式政务服务改革实践
25		梅州市丰顺县人民政府	人民调解
26		东莞市人民政府	优化法治化营商环境
27		中山市人民政府	行政执法监督

续上表

序号	类型	申报单位	申报类型
28	单项创建	中山市人民政府	知识产权保护
29		江门市人民政府	"多证合一""证照分离"改革
30		江门市江海区人民政府	全面落实行政执法责任制
31		茂名市人民政府	普法宣传
32		茂名市高州市人民政府	行政复议
33		惠州市人民政府	公共法律服务
34		惠州市惠阳区人民政府	法治宣传教育
35		清远市人民政府	科学民主立法
36		清远市连南瑶族自治县人民政府	"瑶老"人民调解
37		肇庆市四会市人民政府	法治宣传
38		河源市龙川县人民政府	优化法治化营商环境
39		河源市东源县人民政府	法治宣传教育
40		韶关市南雄市人民政府	优化政务服务

在省级创建中，各市县共提交314项拟申报省级示范创建地区和项目；经过地市推荐程序（筛选），共有174个申报省级示范创建地区和项目需开展评审工作（市、县164个，省直和中央驻粤单位10个）。省级单项项目申报具有如下特点：一是申报多集中在普法、矛盾防范和化解等传统司法行政领域，制度建设、行政执法、行政决策等法治政府建设领域项目较少；二是申报单位多以政府部门为主，政府申报数量很少；三是申报部门多以税务、市场监管、公安、城管等具有较多执法职权的部门为主（见表2、表3）。

表2 综合类地区汇总表

序号	所属地市	申报单位
1	东莞市	东莞市
2	中山市	中山市
3	广州市	增城区

续上表

序号	所属地市	申报单位
4	广州市	天河区
5	广州市	越秀区
6	惠州市	广东省惠州市大亚湾经济技术开发区管理委员会
7	惠州市	惠城区
8	惠州市	惠州市
9	惠州市	惠阳区
10	江门市	台山市
11	江门市	蓬江区
12	深圳市	福田区
13	深圳市	罗湖区
14	深圳市	龙华区
15	珠海市	金湾区
16	珠海市	香洲区
17	肇庆市	四会市
18	肇庆市	端州区
19	肇庆市	鼎湖区
20	云浮市	罗定市
21	梅州市	大埔县
22	梅州市	平远县
23	梅州市	梅州市
24	梅州市	蕉岭县
25	河源市	河源市
26	河源市	紫金县
27	河源市	龙川县
28	清远市	清城区

续上表

序号	所属地市	申报单位
29	湛江市	麻章区
30	潮州市	潮州市
31	茂名市	信宜市
32	茂名市	茂南区
33	茂名市	茂名市
34	茂名市	高州市
35	韶关市	仁化县
36	韶关市	浈江区
37	韶关市	翁源县

表3 单项项目汇总表

序号	所属地市	申报单位	申报项目名称
1	东莞市	寮步司法分局	广东省公共法律服务示范单位
2	东莞市	常平镇	广东省行政决策科学化民主化法治化示范单位
3	东莞市	广东省东莞市人力资源和社会保障局	省级矛盾防范和化解示范单位
4	东莞市	桥头镇	广东人民调解示范单位
5	东莞市	谢岗镇	广东矛盾防范和化解示范单位
6	东莞市	长安镇	广东省法治宣传示范单位
7	中山市	广东省中山市公安局	广东省中山市"智慧公安"
8	中山市	广东省中山市司法局	中山市行政复议体制改革示范项目
9	中山市	广东省中山市司法局	中山市规范性文件信息化管理建设
10	中山市	广东省中山市司法局	健全法治宣传网络 聚力推动法治中山建设提质增效

续上表

序号	所属地市	申报单位	申报项目名称
11	中山市	广东省中山市政务服务数据管理局	推进依申请政务服务事项流程再造 依法全面履行政府职能
12	中山市	石岐司法所	传承发展"枫桥经验"筑牢法治石岐基石
13	佛山市	广东省佛山市市场监管局	全国首创"人工智能+双随机",开创市场领域事中事后监管新局面
14	佛山市	广东省佛山市政务服务数据管理局	佛山市政务服务标准化建设项目
15	佛山市	桂城街道	桂城街道创建"熟人社区"化解基层治理矛盾
16	佛山市	狮山司法所	创新千亿强镇全方位、全时空的公共法律服务
17	佛山市	禅城区	佛山市禅城区社会综合治理云平台建设
18	佛山市	顺德区公安局	创新公安新媒体宣传 助力法治政府建设
19	广州市	从化区	建设法治乡村 助推乡村振兴——广州市从化区建设法治乡村的探索与实践
20	广州市	南沙区	深化政务服务改革持续优化办事创业和营商环境
21	广州市	广东省广州市司法局	广州市创建行政规范性文件统一发布平台
22	广州市	广东省广州市财政局	广州市政府财政信息公开法治建设示范单位
23	广州市	越秀区司法局	打造专业化精细化政府法律服务新模式
24	广州市	黄埔区政务服务数据管理局	行政审批制度改革全面推行——政务服务便利化改革
25	惠州市	公庄司法所	司法所规范化建设
26	惠州市	博罗县司法局	加强法治宣传教育
27	惠州市	博罗县市场监督管理局	加强事中事后监管

续上表

序号	所属地市	申报单位	申报项目名称
28	惠州市	广东省惠州市仲恺高新技术产业开发区管理委员会	广东省法治化营商环境示范单位
29	惠州市	惠阳区	全国法治宣传教育示范区
30	惠州市	稔山司法所	惠东县司法和信访局稔山司法所关于人民调解工作的示范创建
31	惠州市	龙华镇	龙门县龙华镇人民政府
32	江门市	广东省江门市人民政府行政服务中心	广东政务服务窗口示范单位
33	江门市	广东省江门市税务局	全面推行行政执法"三项制度"
34	江门市	江海区	全面落实行政执法责任制
35	江门市	江门市公安局新会分局	广东法治宣传教育示范单位
36	江门市	江门海关	广东省法治化营商环境示范单位
37	江门市	牛江镇	广东普法宣示范单位
38	江门市	赤坎镇	广东推进行政决策科学化民主化法治化示范单位
39	深圳市	前海区	前海法治化营商环境创新实践
40	深圳市	南山区科技创新局	"三位一体"知识产权综合管理改革项目
41	深圳市	深圳市住房和建设局	优化法治环境,构建"1+3+N"住房制度政策法规体系
42	深圳市	深圳市城市管理和综合执法局	律师驻队执法模式
43	深圳市	盐田区	深圳市盐田区创建广东省法治宣传示范区
44	深圳市	西乡司法所	西乡街道"说事评理"人民调解模式

续上表

序号	所属地市	申报单位	申报项目名称
45	珠海市	广东省珠海市公安局	珠海交警微信公众号
46	珠海市	广东省珠海市司法局	珠海市全覆盖政府法律顾问工作机制
47	珠海市	广东省珠海市市场监督管理局	依法推进商事登记制度改革——珠海市商事登记制度改革工作情况
48	珠海市	斗门区农业农村局	聚力民主法治，护航农村集体产权制度改革
49	珠海市	横琴新区司法所	创新基层矛盾纠纷化解机制 为群众提供贴心满意的法律服务
50	珠海市	珠海市横琴新区综合执法局	综合行政执法体制与"物业城市"管理机制改革创新
51	肇庆市	四会市	深入开展法治宣传 对标服务湾区建设——广东省肇庆市四会市关于申报"全国法治宣传教育工作示范县"自评报告
52	肇庆市	广宁县司法局	普法举措创新多 法治宣传成效显
53	肇庆市	德庆县	坚持五个"突出"化解矛盾纠纷 打造平安法治德庆
54	肇庆市	怀集县市场监督管理局	怀集县市场监督管理局关于优化法治化营商环境的申报信息
55	肇庆市	端州区税务局	广东省行政执法示范单位
56	肇庆市	肇庆市	全力推进政务公开 积极打造服务型政府——肇庆市人民政府办公室申报广东省法治政府建设单项示范创建单位自评报告
57	肇庆市	高要区	金利司法所参加申报法治政府建设全省性单项（人民调解）示范创建
58	云浮市	云城区司法局	云浮市云城区司法局普法宣传单项示范单位
59	云浮市	云安区司法局	两网两微一广播·互联网+阵地 构筑矩阵法治宣传显成效

续上表

序号	所属地市	申报单位	申报项目名称
60	云浮市	广东省云浮市人力资源和社会保障局	广东省矛盾防范和化解示范单位
61	云浮市	广东省云浮市税务局	国家税务总局云浮市税务局创新开展新时代法治宣传工作
62	云浮市	新兴县	全国优化法治化营商环境示范县
63	云浮市	郁南县市场监督管理局	郁南县市场监督管理局全面推行行政执法"三项制度"
64	揭阳市	南溪镇	以内河综合整治为突破口，开创南溪法治宣传新局面
65	揭阳市	广东省揭阳市烟草专卖局	揭阳烟草"134"立体化精准普法工作体系
66	揭阳市	揭西县检察院	立足检察职能，打造"普法+公益诉讼"新模式
67	揭阳市	锡场司法所	打造红色调解新模式
68	揭阳市	隆江司法所	隆江司法所"三式十步"调解模式
69	梅州市	丰顺县	丰顺县申报全国人民调解示范单位
70	梅州市	兴宁市市场监督管理局	广东省兴宁市市场监督管理局2019年优化法治化营商环境示范创建单项申报
71	梅州市	平远县公安局	广东省法治政府建设单项示范创建申报表（自查报告）
72	梅州市	梅县区	行政权力制约和监督
73	梅州市	梅江区司法局	梅江区社会力量参与社区矫正工作
74	梅州市	茶阳镇	广东省强化公共法律服务示范单位
75	汕头市	东方街道	广东省创新社会治理示范单位
76	汕头市	广东省汕头市民政局	广东省基层社会组织联合会建设示范单位

续上表

序号	所属地市	申报单位	申报项目名称
77	汕头市	潮阳区公安分局	广东省物联网智能管控建设示范单位
78	汕头市	濠江区	广东省打造共建共治共享社会治理格局示范区
79	汕头市	濠江区政务服务数据管理局	广东省优化法治化营商环境示范单位
80	汕头市	鮀莲司法所	广东省矛盾纠纷多元化解机制建设示范单位
81	汕尾市	城区	树立重视法治素养和法治能力用人导向
82	汕尾市	广东省汕尾市司法局	落实镇（街）专职人民调解员
83	汕尾市	广东省汕尾市司法局	加强村（社区）干部法治宣传教育
84	汕尾市	广东省汕尾市市场监督管理局	全面推进商事制度改革，实现"证照分离""多证合一"等优化营商环境目标
85	汕尾市	海丰县司法局	加强行政复议工作
86	汕尾市	陆河县	加强法治宣传教育
87	河源市	东源县	全国法治宣传教育示范县
88	河源市	东源县司法局	广东省法治宣传教育示范单位
89	河源市	国家税务总局河源市源城区税务局	广东省依法治税宣传教育示范单位
90	河源市	广东省河源市司法局	服务法治政府建设 打造永不消逝的"法治声音"
91	河源市	贝墩司法所	人民调解示范单位
92	河源市	连平县	广东省法治宣传教育示范单位
93	河源市	龙川县	全国优化法治化营商环境示范县
94	河源市	龙川县招商局	广东省优化法治化营商环境示范单位
95	清远市	清城区	人民调解委员会驻公安派出所调解工作室
96	清远市	清城区	清远市公安局清城分局锐意改革推动辅警队伍正规化建设

续上表

序号	所属地市	申报单位	申报项目名称
97	清远市	清远市	全国科学民主立法示范市
98	清远市	英德市司法局	普法宣传示范单位
99	清远市	英红司法所	人民调解
100	清远市	连南瑶族自治县	全国"瑶老"人民调解示范县
101	清远市	连州市司法局	广东省社区矫正示范单位
102	清远市	阳山县司法局	创新公共法律服务远程视频系统
103	湛江市	广东省湛江市公安局	广东禁毒宣传教育示范点
104	湛江市	广东省湛江市司法局	选聘退休法官担任专职人民调解员示范单位
105	湛江市	海滨街道	三治融合,创建法治街道
106	潮州市	凤塘司法所	广东依法有效化解社会矛盾纠纷示范单位
107	潮州市	凤新街道	广东创新基层社会治理示范单位
108	潮州市	广东电网有限责任公司潮州供电局	广东推动行业立法示范单位
109	潮州市	饶平县市场监督管理局	创建广东省全面推行行政执法"三项制度"示范单位
110	茂名市	化州市市场监督管理局	为市场主体健康发展提供坚实的法治保障和优质的法律服务,进一步激发市场活力和社会创造力,打造良好营商环境
111	茂名市	南塘镇	打造新时代广东"枫桥经验"实践创新示范镇
112	茂名市	怀乡镇	依法有效化解社会矛盾纠纷
113	茂名市	旦场镇	全面推进民主法治村(社区)建设,打造服务型法治政府
114	茂名市	茂名市	全国普法宣传示范单位
115	茂名市	金山司法所	基层人民调解规范化建设示范单位

续上表

序号	所属地市	申报单位	申报项目名称
116	茂名市	镇盛司法所	凝心聚力促调解，构筑和谐保安宁
117	茂名市	高州市	高州市行政复议工作自评报告
118	阳江市	东平镇	省级法治政府建设（法治文化）示范创建活动
119	阳江市	埠场司法所	人民调解
120	阳江市	广东省阳江市公安局	关于申报省级法治政府建设（禁毒工作）示范创建自评报告材料
121	阳江市	广东省阳江市税务局	国家税务总局阳江市税务局省级法治政府建设（优化法治化营商环境）创建项目
122	韶关市	乳源瑶族自治县税务局	行政执法决定法制审核工作示范单位
123	韶关市	南雄市	新思路，新举措，全力打造人民满意的政务服务平台
124	韶关市	始兴县司法局	始兴县司法局（社会矛盾纠纷化解）
125	韶关市	广东省韶关市司法局	法治宣传教育
126	韶关市	广东省韶关市审计局	韶关市审计局（依法独立行使审计监督权项目）
127	韶关市	武江区税务局	武江区税务局（法治税务）
128	广东省人力资源和社会保障厅	广东省人力资源和社会保障厅	完善规范性文件管理制度　强化规范性文件监管责任
129	广东省人力资源和社会保障厅	广东省人力资源和社会保障厅	坚持复议为民宗旨　助力法治政府建设
130	广东省人力资源和社会保障厅	广东省人力资源和社会保障厅	多措并举全面构建人社法治宣传多元格局

续上表

序号	所属地市	申报单位	申报项目名称
131	广东省人力资源和社会保障厅	广东省人力资源和社会保障厅	凝神聚力 多措并举 深入开展信访矛盾化解攻坚
132	广东省住房和城乡建设厅	广东省住房和城乡建设厅	广东省住房和城乡建设厅关于全面开展工程建设项目审批制度改革的申报材料
133	广东省公安厅	广东省公安厅	广东省智能执法办案场所示范单位
134	广东省工业和信息化厅	广东省工业和信息化厅	优化法治化营商环境促进我省工业和信息化高质量发展
135	广东省市场监督管理局	广东省市场监督管理局	广东法治宣传示范单位
136	广东省税务局	广东省税务局	法治引领 实效导向 着力打造税务法治化营商环境新标杆
137	广东省财政厅	广东省财政厅	规范政府采购投诉处理

（二）基于珠三角与粤东西北的分类比较

1. 国家级申报情况对比

从国家级综合示范的申报情况对比可以看出，珠三角地区9个地市的申报数量占总数的68.4%；粤东西北12个地市申报数量占总数的31.6%，同时，粤东西北有5个地市未申报（见表4、图1）。

国家级单项申报中，珠三角申报数量占总数的51.9%；粤东西北占48.1%，其中粤东西北有6个地市未申报。同时，粤东西北地区的申报大部分比例集中在粤北地区，粤北占42.6%，而粤北的申报项目则扎堆在河源市（见表5、图2）。

表4　国家级综合申报数量地区分布

城市	数量	地区
东莞市	1	珠三角
中山市	1	珠三角
佛山市	2	珠三角
广州市	2	珠三角
江门市	1	珠三角
深圳市	1	珠三角
珠海市	2	珠三角
肇庆市	2	珠三角
惠州市	1	珠三角
茂名市	1	粤西
梅州市	2	粤北
河源市	1	粤北
韶关市	2	粤北
合计	19	

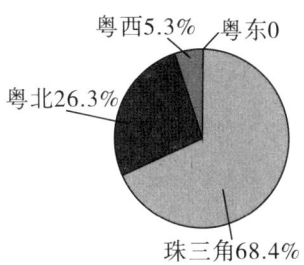

图1　国家级综合申报地区分布对比图

表5　国家级单项申报数量地区分布

城市	数量	地区
东莞市	1	珠三角
中山市	2	珠三角
佛山市	5	珠三角
广州市	1	珠三角
江门市	12	珠三角
深圳市	3	珠三角
珠海市	1	珠三角
肇庆市	1	珠三角
茂名市	2	粤西
惠州市	2	珠三角
汕头市	1	粤东
梅州市	1	粤北
河源市	18	粤北
清远市	2	粤北
韶关市	2	粤北
合计	54	

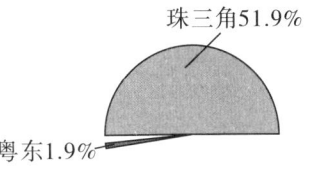

图2　国家级单项申报地区分布对比图

2. 省级申报情况对比分析

在省一级的申报中，综合项目中珠三角地区9个地市全部申报，粤东西北地区有4个地市未申报；单项申报中，实现21个地市全面申报。

综合项申报数量分布中（见图3），珠三角地区占总申报量的61.5%，粤东西北地区占38.4%；单项申报数量分布中，珠三角地区占58%，粤东西北地区占42%，从各地市单项申报数量来看，珠三角各地市的普遍申报基数较大，而粤东西北地区除了河源市申报数量表现突出，其他城市申报基数均较小。

从国家级和省级的两组申报数据分析，珠三角地区较小的城市基数申报数量占的比例却比基数较大的粤东西北地区要大。一方面，申报数量在一定程度上反映了各地政府部门领导对法治政府示范创建的重视程度以及积极性存在差异；另一方面，因为综合项目申报必须对标指标体系，达到一定的标准。这隐晦地揭示了未申报地区法治政府建设水平与创建指标确定的各项标准相比有一定的差距。

表6　广东省级综合申报数量地区分布

城市	数量	地区
中山市	1	珠三角
佛山市	1	珠三角
广州市	3	珠三角
江门市	5	珠三角
深圳市	5	珠三角
珠海市	1	珠三角
肇庆市	5	珠三角
湛江市	1	粤西
茂名市	3	粤西
惠州市	3	珠三角
潮州市	1	粤东
云浮市	1	粤北
梅州市	4	粤北
河源市	2	粤北
清远市	1	粤北
韶关市	2	粤北
合计	39	

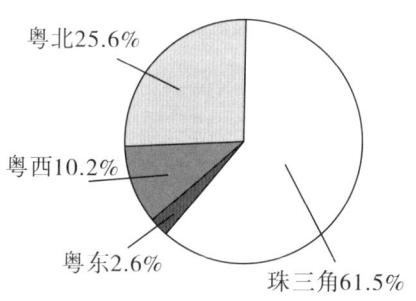

图3　广东省级综合申报地区分布对比图

表7　广东省单项申报数量地区分布

城市	数量	地区
东莞市	10	珠三角
中山市	6	珠三角
佛山市	24	珠三角
广州市	11	珠三角
江门市	17	珠三角
深圳市	53	珠三角
珠海市	6	珠三角
肇庆市	13	珠三角
湛江市	4	粤西
茂名市	7	粤西
阳江市	6	粤西
惠州市	13	珠三角
揭阳市	5	粤东
汕头市	17	粤东
汕尾市	9	粤东
潮州市	4	粤东
云浮市	9	粤北
梅州市	19	粤北
河源市	15	粤北
清远市	10	粤北
韶关市	6	粤北
合计	264	

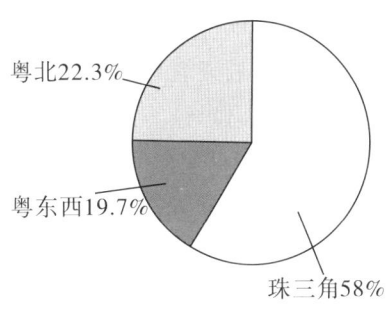

图4　广东省级单项申报地区分布对比图

3. 评审情况

国家级评审推荐情况，省委依法治省办邀请地市推荐的14名专家（每个申报市2名）会同省邀请的6名专家组成专家组进行初审。采用盲评方式对申报单位佐证材料进行逐一认真审阅评分，并现场公示初审分数。根据评审分数，确定了向国家推荐的国家级示范创建单位名单。

省级创建中，评审工作实行三评制。一评是专家评，由珠三角与粤东西北地市推荐的专家会同省专家进行交叉互评（即珠三角专家评粤东西北，反之亦然），现场公示评议分数；二评是社会公众和第三方评，包括公众投票和第三方评估方式，强化社会公众的参与与获得感；三评是领导干部和专家学者评，对标全国创建评审做法，对入围单项项目分类进行现场展示与评议。

从国家级专家评审的分数对比看,在综合项目中,前十名中90%的单位位于珠三角地区,只有一个粤北县进入前十名中后部。单项中,前十名中8个项目在珠三角地区,粤东西北地区只占2个。

4. 珠三角与粤东西北创建差异性的初步分析

从珠三角与粤东西北创建情况看,明显能够看出珠三角从创建申报单位数量到创建申报项目专家评分,都明显高于粤东西北。原因何在?

一方面,是法治与经济的正相关性在法治政府建设示范创建领域的反映,即创建情况同经济发展程度呈现正相关。以2016—2018年为例,广东省21个地市GDP总量排名前十的70%为珠三角地区城市。显然珠三角地区的经济发展水平远远高于粤东西北地区。赵彦云等学者提出,根据2005—2014年十年统计数据对世界60个主要国家和地区的法治经济成熟度进行量化比较分析,可以看出经济与社会的高度发展是法治生成的内源动力,法治与经济发展之间呈现正相关关系,即社会经济发展水平越高,法治的成熟度越高,地区或国家的经济发展不平衡导致法治发展不平衡。[①] 在理论框架下,粤东西北较为落后的经济发展现状在一定程度上影响法治政府的发展。欠发达的粤东西北地区较经济发展水平高的珠三角地区为法治政府建设中的人才提供的待遇、发展经费保障较弱,导致无法吸引专业法律人才,现有政府及其部门法制机构中的法律队伍建设与其承担的法治政府建设要求还不相适应。这在一定程度上制约了法治政府建设的创新性、竞争性,降低了法治政府建设发展的活力。作为法治政府建设中依法行政的主体,人才队伍的素质也直接作用于法治政府建设水平,影响法治政府建设的各个方面,在很大程度上影响示范创建的结果。

另一方面,是法治竞争水平对法治政府示范创建结果的影响,即经济好推动法治好,而法治好所带来的更优的法治化营商环境则使得经济更好,也契合了创建指标的相关要求。2013年中央首次提出坚决纠正"唯GDP用干部"问题,打破了"唯GDP论英雄"的政绩观。有研究指出,由于法治有利于招商引资和经济发展,有利于地方官员未来取得更大的政绩而谋取晋升,因此地方官员主动开展了法治竞争行为。[②] 孟涛教授提出,我国的第一

---

① 赵彦云、王红云、吕志鹏:《法治经济成熟度评价体系及其国际比较》,载《统计研究》,2016年第33卷第6期,第72–84页。
② 韩业斌:《当代中国地方法治竞争的现状与动力》,载《法学》2017年第10期。

波法治竞争是"拼政策、拼成本",而第二波法治竞争是基于营商环境上的竞争。市场经济就是法治经济。良好的法治环境是经济得到良好发展必需的肥沃土壤。各地为了吸引投资和人才,积极提高政府的服务水平和办事效率,不断优化营商环境。这种法治竞争,是政府自身为了获得经济上最大实惠的而主动发起的法治建设的行为,但是它恰恰和国家政治建设、经济建设高度契合。"经济决定法治的产生与基本内容,而法治反作用于经济。"珠三角地区由于经济的先天优势,有更加充裕的财力人力智力投入这波以优化营商环境为主题的第二波法治竞争中,因此脱颖而出成为赢家。珠三角在这波法治竞争中的优势如政策最优、成本最低、服务最好、办事最快,或者全国审批事项最少、办事效率最好、投资环境最优、市场主体和人民群众获得感最强等,都符合法治政府示范创建指标体系中的要求,那么它在示范创建活动中获得优异的成绩,则是自然而然的结果。

四、问题和不足

在开展示范创建的过程中,能够明显感到示范创建存在以下问题和不足:

一是创建动力机制不足。创建动力机制不足的表现便是各地各部门缺乏创建积极性和热情;如部分地区创建主动性不强,一些地市未申报国家级示范创建项目,绝大部分政府部门未参与到创建工作中去;如存在部分单位工作停留在表面,提交材料质量把关不严等,形成了创建"上热中温下冷"的局面。如创建工作往往重迎检材料打造、轻面上工作布局,重档案资料整理、轻实际工作开展,存在顾此失彼的现象。又如部分指标未提交相应的佐证材料;个别地区单项创建主题不明显,亮点不够突出;单项创建主题多集中在普法与依法治理领域等。部分地区虽然对创建内容进行了认真筛选,但总体准备不足,未能起到示范作用。

二是示范创建硬件保障不够充分。在省法治政府示范创建推进过程中,硬件是保障活动推进速度和效率的重要因素。但是由于时间紧迫、技术水平等客观原因,导致示范创建过程中硬件设施保障无法契合示范创建的步伐。如示范创建系统在上传资料或者统计数据的过程中出现了需要不断调试的情况;系统在评审运行过程中出现瘫痪;各地区上传资料工作人员系统操作技术水平参差不齐，导致资料出现重复或者错漏等问题。硬件保障缺陷客观上给示范创建工作造成了被动的局面。

三是机制待优化。为了保障示范创建工作的顺利开展，广东省进行了许多有益的探索和尝试，建立了一套相对完整的机制。但是在示范创建活动的实践过程中，活动的整体推进计划有待细化；示范创建的目标和地位需要进一步细化和明确等；评审考核体系不够全面细化，单项评审标准量化操作性有待提高，评审专家自由裁量权未能得到有效规范等；综合评分的客观公正性有待进一步加强等。

四是创建推广应用机制有待建立。示范创建的落脚点是通过树立法治政府建设的标杆，意在为各地方、各部门提供可参照、可借鉴、可复制的法治政府建设范例，为行政机关推动法治政府建设提供更为生动、更加生活化的典型。也就是评出"先进典型"并非意味着创建活动的终结，而是"示范"的开始，即对创建结果进行进一步的巩固和推广。但是从现阶段的法治政府示范创建活动实践看，重"创建过程"，轻"结果运用和推广"，对授牌后如何推广、如何实现示范引领并没有相应的机制引领，未能发挥"先进典型"的应有效能。

五是公众参与力度不够。按照目前的示范创建方案，创建工作虽然履行了一定的程序，也邀请了专家参与评审，但专家评审结果的权重仍然只是重要参考，未能起到决定性作用，即创建更多的是行政主导，由政府去决定哪些单位能够被授牌；同时，创建程序中虽然也有人民群众满意度评价要求，但社会公众在创建中的权重并不高。在创建指标设置上，也是由行政主导指标设置，创建指标并未征求过社会公众意见，难以避免创建出现自说自话的窘境。

五、总结与建议

法治政府示范创建是一项从理论到实践都全新的工作，关于示范创建的研究本身也是一个创新的研究。在总结法治政府示范创建工作的基础上，应该进一步探索更为有效的推动创建的举措。

一是建立法治政府示范创建长效机制。法治政府示范创建作为实践中推进法治政府建设的抓手和动力机制，应当确保示范创建各项工作的开展能够制度化、长效化。要全面总结省级示范创建活动的各个环节工作，研究解决活动进程中需要解决的问题，不断完善相关的工作制度和机制。目前广东的方案中明确了评审排名和创建名额按照珠三角和粤东西北区域分开的原则，着力破解广东省层级和地区发展不平衡的问题，推动法治政府建设均衡发展。同时也应当积极探索分类示范创建活动的其他可能性。在总体目标的范围内，可以探索根据不同地区、不同层级、不同领域、不同类型单位的工作性质和特点，分类探索市、县或部门等不同类型的创建开展路径。如根据工作性质特点，在 21 个地市开展同一工作性质单位同一级别的示范创建，如 21 个司法局、21 个工商局等的示范创建；根据不同的任务，开发不同的法治政府示范创建主题，如"重大行政决策科学民主合法"主题等。在法治政府示范创建领域开展不同的分类创建，有助于横向拓宽创建面，纵向深入创建程度，整体推进法治政府建设。

二是完善创建评审机制。一方面，应当完善评审指标。广东省第一次全面法治政府示范创建制定了一套可行的考核评价机制。考核评价中的专家评审和第三方评估，按照《市县法治政府建设指标体系》对申报单位进行评估并提出意见，最后根据"三评"结果按权重汇总计算总分。在法治政府示范创建整个考核评价机制中，指标体系作为示范创建和检查验收的标准，对创建的结果起着决定性的作用。综合类的评审，广东省使用的评审指标是与国家级相同的一套指标体系；单项的评审标准则较为粗犷，评审标准为项目具有创新性、引领性、典型性，可复制可推广，具体评分由专家评委酌定。广东省的这套评价体系具有一定的局限性。应当结合广东省法治政府建设任务和发展实际，对实施纲要和实施方案确定的法治政府建设任务措施进行细化，分市县政府和省级部门两部分制定创建指标，结合广东经济社会发展和历史人文引入更多"地方性知识"。对创建指标进行完善，使评价体系更加科学，可操作性更强。另一方面，要确保专家评分的客观性。为确保专家评审的公正、客观，可以探索每年从各市选取一定数量的专家成立动态专家库，然后随机抽取相应数量的专家组成年度专家评审组。在评审的过程中，采取珠三角、粤东西北专家交换评分或者盲选地区评分等方式进一步确保评分的客观性。

三是强化创建结果运用。要发挥创建先行标杆的典型示范作用，激励先进、鞭策后进。要加大示范创建成功地区或者部门的先进经验的交流和宣传。通过召开经验交流会、培训班等交流推进法治政府建设的先进经验和做法;通过新闻媒体对示范单位进行广泛深入的宣传,为后发地区或部门提供学习模板,实现以点带面,形成整体推进的局面。

(方学勇,男,吉林大学法学理论博士研究生,广东省司法厅干部;龙飘飘,女,广东外语外贸大学教师。本文系2019年度广东省司法厅重大课题:"法治政府示范创建研究——基于珠三角和粤东西北地区的分类研究"[课题号GDSFT19032]的阶段性成果)

国内企业 IPO 境外实体法律尽调如何操作

章少辉

【内容摘要】 在国内目前的法律实践当中,针对相关法律或者事实问题进行确认的律师报告,通称为"法律意见书"。欧美法律实务里面的"legal opinion"(法律意见书),通常仅限于对交易和主体的法律事项的分析和确认,一般不对事实进行确认。欧美国际律所一概拒绝任何要求对事实进行确认的法律意见书请求。而境内法律意见书中需要确认的事项里面,几乎每一项都包含有对事实的描述和确认。凡是涉及境内法律意见书的项目,如果要严格按照列举的相关内容确认,解决方案有两个:其一,将事实确认尽量剔除,限制在最少,然后通过法律文件和公司管理层的书面确认来作为出具有限的事实意见书的依据;其二,放弃法律意见书的形式要求,改为法律尽职调查报告的形式。法律意见书必须对法律(和事实)进行审查、调研,然后根据所在国的法律,进行合法性和有效性的确认。相比之下,法律尽职调查报告只是对目标公司进行审查和调研,把发现的问题一一列举,必要情况下加上潜在风险提醒,一般不对事实和法律进行确认。因此,律师的责任也相应比较轻。除了法律层面的暗礁,境外法律尽调和境外法律意见书项目还存在不少实践层面的困难。

【关键词】 国内法 国内上市 外国法 境外法律尽调 境外法律意见书 法律术语含义差别 实践问题

近十几年来,在"走出去"政策的背景下,通过新设公司、参股、收并购、合资、联营、合作等不同方式,许多国内企业都有不少境外子公司、分公司或者合作伙伴。当这些企业在国内筹备上市(IPO)或者上市之后进行资本运作的过程中,需要根据法律法规和监管要求对境内母公司进行法律尽职调查。除此之外,境外关联公司也通常会不同程度上被纳入法律尽职调查的范围。这就需要境外律师参照境内的监管要求,根据所在国的法律法规,对境外子公司、分公司或者合作伙伴(下称"境外实体")进行法律尽职调查（下称"境外法律尽调"），出具法律意见书（下称"境外法律意见书"）。

实践证明，境外法律尽调和境外法律意见书在名称上看起来没有什么差别。但是，在具体操作当中，存在不少法律层面的暗礁和实践层面的困难。笔者作为欧盟的执业律师，经常协助国内同行处理此类项目，在此与各位读者分享一些粗浅的经验和解决办法，以期有所启发和帮助。

一、法律层面的暗礁

（一）"法律意见书"不等于"legal opinion"

在国内，根据《中华人民共和国证券法》等法律法规的要求，拟进行 IPO 的公司和已上市公司（以下简称"发行人"）增发股份、配股，以及已上市公司发行可转换公司债券等，境内法律意见书和律师工作报告是发行人向中国证券监督管理委员会（以下简称"证监会"）申请公开发行证券的必备文件。

1. 境内法律意见书

境内法律意见书中需要包含境外实体的相关信息，包括：

（1）境外实体基本信息，是否依法成立、有效存续；
（2）其股东基本信息，控股比例，出资是否符合当地法律；
（3）历次股本演变信息，是否合法有效；
（4）是否存在股份质押及其合法性；
（5）境外公司的经营活动是否合法有效；
（6）境外公司的主要财产信息（包括土地使用权、知识产权等无形资产）；
（7）重大债权债务；
（8）重大资产变化；
（9）税务合规；
（10）环境保护和产品质量、技术等标准；
（11）诉讼、仲裁或行政处罚；
（12）内部职工股信息（如有），是否合法有效；
（13）一般性合规状况确认，是否存在责任事故，是否存在政治风险，封锁和制裁风险；

（14）以及其他可能需要确认的法律或者事实问题。

在国内目前的法律实践当中，针对上述法律或者事实问题进行确认的律师报告，通称为"法律意见书"。国内的律师在联系海外律师同行寻求协助的文件里面，此类法律意见书英文也通常翻译为"legal opinion"。事实上，国内律师和海外律师同行对两者的理解，存在很大的差别。

2. 美欧法律实务里面的"legal opinion"

"legal opinion"（法律意见书）的实践来源于二战后经济迅速发展、洲际和国际交易数量日增的美国和欧洲。1987年国际律师协会的银行法委员会主持编写了《法律意见书报告》，开始对法律意见书进行规范化指导。[1]

法律意见书在国际交易实践当中的作用主要有如下几个方面：

作为交割先决条件的法律意见书：在这种情况下，法律意见书的作用在于对交易的法律风险进行评估。法律意见书的收件人希望得到律师的专业意见和结论，作为自己决定是否推进交易交割的前提和假设是否正确的依据。此类的法律意见书，实质上是投资者对风险的评估和管控，同时也是职业责任的分摊。

大型国际交易的法律意见书：在这种情况下，需要法律意见书的理由是，投资商和法律顾问在进行涉外交易的时候，往往因为不懂交易涉及的外国法律，而要求当地律师出具一份对交易的合法性进行评估的书面意见书。

作为第三方意见的法律意见书：这种情况来源于美国投资者一般都要求合同另一方的律师出具一份意见书，确认合同当中对方的陈述和担保条款合法有效，因此称为"第三方意见"。[2]

美欧法律实务里面法律意见书的核心内容包括：①目标主体和相关交易文件的列举和事实调研；②法律意见书的主文部分，对目标主体的公司法地位，公司权利能力和行为能力，合法执行和交付，不违反公司章程，备忘录等组件文件，补救措施，法院管辖选择，判决的执行力，无国家主权豁免，以及债权的等级，根据本国法律进行确认；③假设、限制和保留；④法律意

---

[1] 参见：Michael Gruson et al. Legal Opinions in International Transactions, 4th ed., Kluwer Law International, 2003, pp. 4.

[2] 参见：Michael Gruson et al. Legal Opinions in International Transactions, 4th ed., Kluwer Law International, 2003, pp. 9–12.

见书的信赖方限制。①

3. 问题所在

值得特别注意的是，美欧法律实务里面的法律意见书，通常仅限于对交易和主体的法律事项的分析和确认，一般不对事实进行确认。实践里面，很多欧美国际律所，一概拒绝任何要求对事实进行确认的法律意见书请求。

而境内法律意见书中需要包含境外实体的相关事实信息的确认，恰恰撞到这个枪口。上面列举的 14 项需要确认的事项里面，几乎每一项都包含有对事实的描述和确认。

因此，在实践里面，出具这样的法律意见书请求，基本上都会被欧美国际律所拒绝。

4. 解决方案

根据笔者的经验，凡是涉及境内法律意见书的项目，如果要严格按照上面列举的 14 项内容进行确认，解决方案有两个，其一，将事实确认尽量剔除，限制在最少，然后通过法律文件和公司管理层的书面确认来作为出具有限的事实意见书的依据。请注意，尽管如此，还是有不少国际律所会拒绝出具此类法律意见书。其二，放弃法律意见书的形式要求，改为法律尽职调查报告的形式。

(二) 国内所谓的"法律意见书"，往往是法律尽职调查报告

根据最近十年来的实践表明，国内需要出具海外法律意见书的项目，基本上都是国内企业筹备上市或者上市之后进行资本运作的项目。

这些项目当中，除了必须对境内母公司进行法律尽职调查，境外关联公司也通常会不同程度上被纳入法律尽职调查的范围，需要出具法律意见书。

这些项目当中所谓的"法律意见书"，其实是法律尽职调查报告。英文一般写为 "legal due diligence report" 或者 "legal due diligence memorandum"，而不是 "legal opinion"。

法律意见书和法律尽职调查报告的区别，是前者必须对法律（和事实）进行审查、调研，然后根据所在国的法律，进行合法性和有效性的确认。就

---

① 参见：Michael Gruson et al. Legal Opinions in International Transactions, 4th ed., Kluwer Law International, 2003, pp. 41 – 229.

像医疗诊断书一样，律师要对客户和交易承担任何错误判断的专业责任。由于一般交易数额巨大，律师的责任也相应巨大。因此，作为律师，在签署任何法律意见书之前，都应字斟句酌，连一个逗号都不轻易放过。而每个律所，都对法律意见书出具设定严格的内审程序，同时认购相应的责任保险。

相比之下，法律尽职调查报告只是对目标公司进行审查和调研，然后实事求是地把发现的问题一一列举出来，必要情况下加上根据当地法律规定的潜在风险提醒，提出解决方案。而一般不对事实和法律进行确认。因此，律师的责任也相应比较轻。无论国际律所还是本地律所，都接受此类项目。

实践上，上述项目所要求的"法律意见书"，一般都可以以法律尽职调查报告的形式满足客户和证监会的要求。

但是，也出现过客户和证监会一致要求严格按照上面列举的 14 项法律和事实内容确认的"法律意见书"。在这种情况下，我们在实践中开发出一种新的混合形式，叫"legal memorandum"（"法律备忘录"）。

法律备忘录其实糅合了法律意见书和法律尽职调查报告，采用法律尽职调查的方法和步骤，进而以类似法律意见书的形式，来出具报告和提供法律意见，对法律和事实内容进行确认。

当然，这种形式的文书，必须运用一些假设和保留条款，对律师的责任进行必要的限制，避免被定性为美欧法律实务里面的"legal opinion"。①

（三）"法律备忘录"的内容要点

由于法律备忘录其实糅合了法律意见书和法律尽职调查报告，采用法律尽职调查的方法和步骤，进而以类似法律意见书的形式，来出具报告和提供法律意见，对法律和事实内容进行确认，因此，在前言，调查结果和确认信息、范围、来源、保留、假定、限制及信赖，定义和附录等各方面，都需要精确的界定。②

1. 前言（introduction）

前言虽然不是主文，却包含不少非常关键的内容，比如客户主体，目标

---

① Steven L. Schwarcz, The Limit of Lawyering: Legal Opinions in Structure Finance, in Texas Law Review, Vol. 84, N° 1, Nov. 2005.
② Luc Frieden,《La Legal Opinion dans les transactions internationales et en droit luxembourgeois》, in Droit bancaire et financier (ALJB), Vol. 18, 1994, pp. 785 – 801.

公司和出具报告的律所公司主体的确定，以及项目背景的点明。

前言可以澄清报告截止时间，信息来源，是否后续更新任何变动。此外，前言可以对文件的真实性、签名真实性和约束力进行假定。最后，前言还可以纲举目张地说明报告的内容和问题查询的联系方式。

2. 调查结果和确认信息（findings and confirmations）

报告的主文是调查结果和确认信息部分，这部分核心内容列出了律师团队法律审查涵盖每个领域中确定的主要调查结果、确认信息以及重大问题。

报告一般以表格的形式出具，对每一个问题进行编号，对应于工作范围文档中的编号，以便客户和国内律师团队对照阅读。

报告的实质内容包括三个方面：调查结果、确认信息和律师建议。

调查结果是尽调律师团队审阅目标公司的数据库或者客户提供的卷宗之后，对目标公司的法律合规状况的客观汇报。这一部分就是对事实的确认部分，只有采用这种形式，才能够满足欧美国际律所拒绝对事实进行确认的要求。

确认信息部分，就是欧美法律实务里面的法律意见书当中对交易和主体的法律事项的分析和确认。

举个例子，下面是某项目里面关于公司基本信息的内容：

本公司是依英格兰和威尔士法律，在英格兰设立的，合法且有效存续的有限责任公司。注册地址为：英国，Hollies Park Road，Cannock，Staffordshire，WS11 1DB。

如附录4显示，我们已于2020年3月4日进行了破产查询。这些查询并没有显示有任何关于公司的任何强制性清盘呈请或命令，行政法院的申请或命令或意图任命的通知或庭外任命管理人的通知。

公司无需获得英国的任何政府机构批准即可在公司登记处（Companies House）注册。公司注册号为：×××。

股东名册显示，目前由德国公司×××持有公司×××股，每股面值为1.00英镑的普通股，该德国公司地址为：德国，D-6342，Haiger。是公司的唯一股东。我们没有发现任何可暗示股份所有权有任何无效的迹象。

有时候报告里面还包括律师建议，主要是针对发现存在问题之后，律师提出的解决办法。例如：

根据 2000 年 1 月 31 日的股东大会公证文书，GmbH 作为股东，在股东大会决议作出后，将立即缴付增加的票面数额。根据强制性要求，目标公司需要提供一份根据有限责任公司法第 10 章第 3 段规定的银行声明，以确认：

（1）增资款的票面金额已悉数缴清，和

（2）执行董事可自由支配已缴款项。

我们发现一份从奥地利公司登记法院提取的日期为 2000 年 1 月 31 日的银行确认函，但该函并未特别确认增资款的缴付，仅仅陈述了目标公司的银行账户显示有 245645.08 欧元的进账，并可由目标公司执行董事自由支配。银行声明的措辞并不足以确认 245645.08 欧元为增资款的缴付。

由于缺少根据有限责任公司法第 10 章第 3 段规定为强制性要求的银行确认函，我们无法确认增资款是否被相应缴付。

建议：因此，关于确认目标公司注册资本已被缴清，不存在部分或者全部退还给股东的陈述和保证是必不可少的。

上面列举的只是调查结果和确认信息的部分内容，其完整内容可以包括上面列举的"境内法律意见书中需要包含境外实体的相关信息"的所有 14 项内容。

3. 范围、来源、保留、假定、限制及信赖（scope, sources, qualifications, assumptions, limitations and reliance）

（1）范围（scope）

范围部分需要厘清约定的工作范围和超出范围的事项列举。

约定的工作范围部分，需要澄清报告的商业中性态度、标的国家法律、目标公司的资产范围，以及具体涉及的尽调法律领域，比如公司法、普通合同法/重大合同、诉讼，及合规事项，等等。

超出范围的事项，主要是明示列举未审查事项或领域有关的任何文件或信息。比如：转让定价；保险法；会计法/账目和精算信息；劳动法；税法；融资事项；政策和/或政治；公司或与公司签订协议的第三方使用的一般性条款的有效性和可执行性；反腐败；除以上列出的内容外，公司是否遵守对其适用的数据隐私法规，隐私和电子通信指令，以及已实施或据以制定、修订、替代、重新制定或合并其中任何一项的任何法律和/或法规（包括欧盟条例（EU）2016/679（统称GDPR））；制裁；贿赂、欺诈、洗钱和腐败问题；等等。

（2）来源（sources）

信息来源部分，目的是澄清律师已审阅并据之出具报告的文件和信息。比如：

(a) 仅限于定义的文件；

(b) 对律师的书面法律问答的答复；以及，

(c) 附录所列的公开官网的搜索。

（3）保留（qualifications）

保留条款是欧美法律意见书中必不可少的内容，而且数量巨大，往往事无巨细，都有所保留。因此给人喧宾夺主的印象。

保留条款的内容，主要涉及：报告出具专有的目的和背景，报告的方法论，完整性和准确度的基础，信息来源的限制，标的国家的公开官网信息的更新保留，各国某些强制性法律规定可能的影响，法院解释和执行方面的例外，等等。

（4）假定（assumptions）

假定条款是欧美法律意见书中为了出具法律意见书所作的一系列假设前提条件。内容涵盖目标公司和/或业务的情势没有发生变化，文件的签署人被授权，文件上的所有签字、盖章、日期以及任何印花税或标志的真实性，目标公司董事在促使公司签署每份文件时，根据诚信原则从事，检阅的所有公司记录、名册和其他文件是真实、完整、最新和准确的，无论有意或无意，没有任何重大文件保留，并且文件中包含的所有条件（先决或后续）均已满足，以及客户和/或公司及其管理层、顾问就所有事实（通过书面方式和口头方式）提供给律师的所有信息的完整性、准确性和正确性，等等。

（5）限制及信赖（limitations and reliance）

限制及信赖条款目的是对律师因出具报告或与本报告相关的，或读者对报告的依赖而产生的任何法律理由所承担的责任限制。

4. 定义（definitions）

报告的最后是相关术语的定义，也是一个非常重要的部分，必须细致周密地界定。

5. 附录（schedules）

报告的附录一般包括三个文件：尽调文件列表（documents request list）、

审阅文件列表（reviewed documents list）和问答列表（Q&A）。都是日后发生责任问题的重要证据。

二、实践层面的困难

除了法律层面的暗礁，境外法律尽调和境外法律意见书项目还存在不少实践层面的困难。

由于境外法律尽调和境外法律意见书项目一般都涉及几个、十几个甚至几十个国家和司法区域，因此不可避免地产生报价和成本控制，多法域的协调工作和语言，文本和翻译问题。

（一）报价和成本控制

欧美的法律尽调和境外法律意见书项目都是技术性比较高、工作量巨大、律师责任很高的项目，因此报价一般都比较高。

此类项目的成本控制方面，主要有如下经验总结。首先，有必要根据项目的大小和重要性，确定询价欧美律所的层次。Legal 500 和 Chambers 都有对国际所和各国的本地所进行分类排名。轻而易举可以锁定合适的律所层次。其次，有必要非常精准地给出尽调的范围。精准锁定尽调范围既包括具体的法律部门，也包括涉及的国家和司法区域。尽量排除不必要的范围，从而降低成本。

曾经有一个涉及 15 个国家的项目，第一轮报价超过 30 万欧元。经过与证监会的沟通，最后只对两个拥有生产基地的国家进行尽调，费用降低到 4 万多欧元。

此外，在向各地律所询价的时候，除了非常精准地给出尽调的范围，还可以附带给各地律师一个尽调报告的模板，使各地律师对自身的工作产出的要求比较明确可预见，对精准报价很有帮助。

最后，报价是否含税、办公费以及其他杂费，都有必要仔细问清楚，避免意外。

（二）多法域的协调工作

多法域境外法律尽调和境外法律意见书项目的协调工作是一个不可忽视

的环节。工作琐碎，细节很多，对各国的法律理解的要求很高，完全有必要给予专门的预算。

此类项目的协调工作要点有三：一是负责协调的律师必须有经验，熟悉几种语言，甚至掌握各国的法律基本知识。二是沟通机制要快捷高效。最好统一由一个窗口来对接国内和境外各国的律师团队。避免多头沟通的混战局面。三是必须定期举行所有团队都参加的电话会议，互通有无，答疑解惑，统一步骤和目标。

在多法域的协调工作中，在各国都有一起作战经验的国际所无疑拥有其他本地所不可比拟的优势。此外，律师团队是否有相关的经验也是很关键的因素。

（三）语言、文本和翻译

多法域境外法律尽调和境外法律意见书项目的语言一般都采用英语作为文书语言，同时也是沟通的工作语言。

但是，不同国家的法律，往往是不同的语言，比如法语、德语、意大利语等。这些不同的法律语言里面，还有不同的法律术语。因此，在文本的翻译工作上，也有不少误区。有时候客户为了减少成本，把境外的英文版法律意见书交由国内的一些翻译机构翻译，结果失去很多精确的含义，造成歧义和误解，耽误了项目进程。正确的做法，应该由懂得外国法律的华人律师团队翻译，确保意思准确。

三、小结

总结起来，境外法律尽调和境外法律意见书项目，由于中外法律和实务的差别，虽然在表面上看起来没有什么不同。但是，在具体操作当中，存在不少法律层面的暗礁和实践层面的困难。有必要很好地选择境外律师团队，辨别误区，精准报价，高效沟通，力求既能够达到目的，又能很好地控制成本，为企业国内筹备上市或者上市之后进行资本运作保证法律安全。

区域法治研究综述

邵彭兵

区域法治一直是学术界热议的话题,被认为是国家法治的有机组成部分,开展区域法治研究是区域科学发展的题中应有之义。近年来,有关区域法治的研究成果大量涌现,"区域法治发展学"逐渐形成。本文以公开出版、发表的著作、论文为依据,对有关区域法治的成果作较为全面、系统的梳理研究,以期为区域法治发展的进一步研究作铺垫。

一、区域法治研究的重点领域

现阶段,区域法治的既有成果主要围绕区域法治中的"区域"概念、区域法治所具有的范式和内涵、区域法治与国家法治的关系而展开。

(一)"区域"概念的聚焦

首先,"区域"一词如何进入法学研究。第一,有学者认为是地理学中"区域"概念转化到法学及其他学科。公丕祥认为,地理学上的"区域"概念是我们认识一切区域现象的知识基础,[①] 其基本特性就是空间,空间关系和空间差异构成了区域的质的规定性。[②] 20世纪70年代,随着区域地理学对人文社会科学领域的广泛渗透,空间转向已经成为西方人文社会科学知识的重要议题,[③] 由于"区域"一词被诸多学科借鉴,深刻影响社会科学的学

---

① 公丕祥:《还是区域法治概念好些——也与张彪博士、周叶中教授讨论》,载《南京师大学报》(社会科学版)2016年第1期,第6页。
② 公丕祥:《空间关系:区域法治发展的方式变项》,载《法律科学》(西北政法大学学报)2019年第2期,第4页。
③ 景天魁:《时空社会学:拓展和创新》,北京师范大学出版社2017年版,第129页。

科结构,① 至此区域研究也开始在法学领域逐渐显现。第二,认为是经济学中的"区域"转化到法学及其他学科。陈瑞莲提到,自 21 世纪以来世界全面过渡到信息社会和知识经济时代,经济全球化在一定程度上制造了自己的对立面——区域化,各个学科因此对区域科学研究"添砖加瓦"。② 文正邦认为,正是由于区域科学的研究领域愈加广泛,尤其是"区域经济"及"区域经济学"赋予了"区域法治"以启迪作用,如防止地方保护主义及部门利益保护主义等。③ 朱容则从另一经济因素出发,认为现代区域经济应是有序化、协调化、规范化、诚信化的法治经济,④ 区域法治建设在指导思想、制度设计、运行机制等方面必须适应区域可持续性发展需要。⑤ 第三,国家设立特定区域。其一,《中华人民共和国宪法》《中华人民共和国民族区域自治法》对民族自治区域作出规定,为保证推动民族区域经济社会稳健高效和谐发展必须有法治作为重要保障,⑥ 包括完善民族区域自治法的配套法规、加快自治区自治条例的出台及落实自治权实现的保障机制,⑦ 这也符合《公民权利和政治权利国际公约》当中的持续有效地保护中国境内少数人权利的人权精神⑧。其二,国家设立经济特区,有学者对于该区域性改革导致的法律问题也进行了专门探讨⑨。正是由于国家设定特定区域,赋予其特殊地位,区域法治发展命题因此应运而生。

其次,"区域"一词在法学领域的内涵。在我国"区域"这一概念在法学领域的运用,深受马克思空间法哲学以及经济学等影响。公丕祥认为,区域可分为全球意义上的区域和主权国家意义上的区域两大类,主权国家意义

---

① 骆天纬:《区域法治发展的理论逻辑——以地方政府竞争为中心的分析》,南京师范大学 2016 年度博士学位论文,第 6 页。
② 陈瑞莲:《区域公共管理研究的若干问题述评》,载《政治学研究》2004 年第 1 期,第 22 页。
③ 文正邦:《应开展区域法治研究——以西部开发法治研究为视角》,载《法学》2005 年第 12 期,第 85 页。
④ 朱容:《论法治建设与区域经济发展》,载《经济体制改革》2004 年第 4 期,第 154 页。
⑤ 朱容:《区域经济可持续发展中法制建设的原则》,载《经济学家》2004 年第 5 期,第 124 页。
⑥ 刘亚丛:《内蒙古自治区在区域经济发展中的法治保障》,载《内蒙古社会科学》(汉文版)2007 年第 5 期,第 96 页。
⑦ 黄伟:《论新时期发展民族区域自治制度的法治路径》,载《贵州民族研究》2008 年第 2 期,第 8 - 11 页。
⑧ 陈建樾:《以制度和法治保护少数民族权利——中国民族区域自治的路径和经验》,载《民族研究》2009 年第 4 期,第 1 页。
⑨ 肖明:《"先行先试"应符合法治原则——从某些行政区域的"初级改革条例"说起》,载《法学》2009 年第 10 期,第 10 页。

上的区域有两层含义：一是以特定行政区划为基本构成的特定地域空间，在当代中国，有省域、市域、县域等不同行政区划层级；二是由相邻地域所组成的跨越不同行政区划的地域空间，比如西部地区、中部地区、珠江三角洲地区、长江三角洲地区、京津冀地区等。① 戴小明同样认为，区域包括自然、人文、经济区域等，狭义的区域即指地方，如省市县乡等，广义的区域是指两个及两个以上的地方联合体，如东北地区。② 张丽艳则在前文的基础上，认为"区域"还应包括同一行政区划内，跨越于次行政区划的次区域，如苏南、浙北、皖南等。③ 夏锦文根据区域的不同种类，将区域类型化为法律意义上的区域、行政区划意义上的区域、经济意义上的区域、综合区位意义上的区域和国际性区域五种。④ 文正邦将区域定义为跨越民族国家或行政区划的，在经济、政治、文化以及社会方面具有共同特性的地域统一体。⑤ 王春业研究的区域应是通过国家正式批复或批准的方式才得以明确和固定。⑥ 除上述外，孙超的硕士论文中专门研究了"区域"一词的含义，认为正确理解"区域"内涵则需要采用黑格尔的方法论，分别从要素性和政治性两方面着手，法学领域学者对于区域的解释多采用政治性属性。⑦

(二) 区域法治的范式提出、内涵解读

首先，有关研究"区域法治"范式的讨论。公丕祥从马克思"多样性统一"的法哲学方法论意义上对区域法治的发展进行解读，⑧ 并从亚里士多德、维柯、孟德斯鸠等人的理论出发，认为思想家们都注意到自然空间或地理环境对法与法律现象在内的人类社会发展进程的重要影响，⑨ 还通过美国

---

① 公丕祥：《区域法治发展的概念意义——一种法哲学方法论上的初步分析》，载《南师大学报》（社会科学版）2014 年第 1 期，第 57 页。
② 戴小明：《区域法治：一个跨学科的新概念》，载《行政管理改革》2020 年第 5 期，第 66 页。
③ 张丽艳：《区域法治协同发展的复杂系统理论论证》，载《法学》2016 年第 1 期。
④ 夏锦文：《区域法治发展的法理学思考——一个初步的研究框架》，载《南师大学报》（社会科学版）2014 年第 1 期，第 58 页。
⑤ 文正邦：《法治中国视阈下的区域法治研究论要》，载《东方法学》2014 年第 5 期，第 71 页。
⑥ 王春业：《论我国"特定区域"法治先行》，载《中国法学》2020 年第 3 期，第 111 页。
⑦ 孙超：《"区域法治发展"中"区域的概念"》，南京师范大学 2016 年度硕士论文，第 13 页。
⑧ 公丕祥：《区域法治发展的概念意义——一种法哲学方法论上的初步分析》，载《南师大学报》（社会科学版）2014 年第 1 期，第 57 页。
⑨ 公丕祥：《空间关系：区域法治发展的方式变项》，载《法律科学》（西北政法大学学报）2019 年第 2 期，第 4 页。

社会学家默顿的"中层理论",主张区域研究属于法治发展的中层理论。①有些学者还对"区域法治"进行文化解读,蔡宝刚通过"人的文化原理"解读区域法治发展中的文化向度,②夏锦文、陈小洁则通过"外嫁女"案例,指出区域法治文化是在特定地理区域内,由该区域内的社会群体所创造的、具有相同或相似特征的或共同享有的一种占支配地位的法治文化。③

其次,对"区域法治"的内涵解读。从法规创制和落实的角度,李燕霞将区域法治理解为在全面推进法治中国建设的目标导引下,各地区在上位法授权的权限范围内进行创制性和实施性的法制建设活动,理念上落实依法治国方略,制度上执行国家法律法规,从而在区域范围内达到的法治状态。④从对公权和私权规制的角度,陈柳裕等学者将区域法治理解为在整个国家实现法治的前提下,各个地区依靠良好的法律规则来管治社会,各种权力在法治的轨道上运行而非恣意妄为,各种权利都能够得到有效保护并为权利的实现积极创造条件的一种理想状态。⑤也有学者认为,区域法治是指区域范围内各地区在遵循国家法治的前提下,根据地区发展的现实状况和实际需要,就规制公权力行使、保护私权利自由、调节社会关系方面所作的制度建构。⑥朱未易则从理念和价值层面认为区域法治是指公民在国家和地方法律、政策及道德制度的激励和约束之中,确立社会的公德意识、行为的规则意识、开放的民主意识和环境的和谐意识,形成依法办事、人际和睦、人与自然和谐的社会围和生态环境。⑦夏锦文认为,区域法治是在一国总体法治建设的目标下,各区域不断与外界进行法治文化、法律能量的交换,优化调整自身法治结构,发挥自身独特的优势与功能。⑧姜涛认为,区域法治是以"区域"为界限、以"公民自治"为目标而成长出来的法治模型,它在理论上可以解释为一种诠释在不同区域及其不同的治理模式中,区域实行什么样

---

① 公丕祥:《法治发展的区域分析——一种方法论的讨论》,载《法学》2018年第5期,第10页。
② 蔡宝刚:《法律是从"土地"中长出来的规则——区域法治发展的文化解码》,载《法制与社会发展》2014年第4期,第53页。
③ 夏锦文、陈小洁:《区域法治文化:意义阐释、运行机理和发展路径》,载《法律科学》(西北政法大学学报)2015年第1期,第6页。
④ 李燕霞:《地方法治概念辨析》,载《社会科学战线》2006年第6期。
⑤ 陈柳裕、王坤、汪江连:《论地方法治的可能性》,载《浙江社会科学》2006年第2期。
⑥ 徐邦友:《地方法制建设是国家法治化的有效路径》,载《中国党政干部论坛》2009年第8期。
⑦ 朱未易:《地方法制建设的结构要素、能力再造与机制创新》,载《江海学刊》2016年第2期。
⑧ 夏锦文:《区域法治发展的基础理论研究框架》,见《法制现代化研究》(2013年卷),法律出版社2014年,第45页。

的法治模型以及怎样实现法治的制度范式。① 而公丕祥指出区域法治是实施依法治国基本方略、推进法治中国建设的有机组成部分，是在国家法治发展的总体方向和基本要求的基础上，根据区域经济社会发展的法治需求，运用法治思维和法治方式推进区域社会治理现代化的法治实践活动。②

最后，还有一些学者有不同于上述的看法，如葛洪义则以"地方法制"来取代区域法治，认为区域法治的基础很大程度受到国家政策、区域间竞争力决定。③ 周叶中、曹阳昭同样认为应由"区域法制"分析跨行政区域的法制问题。④ 张彪提出，无论是"法治+行政区划名"还是"法治的区域化法治"或"区域法治"，这三者在概念表述的科学性和逻辑的自洽性上都存在一定的缺陷。⑤

（三）区域法治与国家法治的关系

党的十九大报告指出："实施区域协调发展战略。加大力度支持革命老区、民族地区、边疆地区、贫困地区加快发展，强化举措推进西部大开发形成新格局，深化改革加快东北等老工业基地振兴，发挥优势推动中部地区崛起，创新引领率先实现东部地区优化发展，建立更加有效的区域协调发展新机制。"可以说，区域法治对于加快实现国家治理现代化具有重要意义，同时也是实现法治国家的有机组成部分。区域法治是贯彻国家区域发展战略的体现，有利于区域间均衡发展。⑥ 但有学者认为，区域法治与国家法治是对立的，区域法治的概念和提法可能会产生割裂国家法治统一的效果，导致法治的"片化"现象。⑦ 公丕祥则认为不应有这样的想象和疑虑，区域法治其实质是建设国家法治的方式和途径⑧，二者之间是内在和谐的统一体，区域法治发展是国家法治发展在一定区域范围内的具体的历史的展开，因而不存

---

① 姜涛：《区域法治：一个初步的理论探讨》，见《法制现代化研究》（2013年卷），法律出版社2014年，第122页。
② 公丕祥：《法治建设先导区域的概念与功能》，载《江海学刊》2014年第5期。
③ 葛洪义：《作为方法论的"地方法制"》，载《中国法学》2016年第4期，第126页。
④ 周叶中、曹阳昭：《我国区域法制建设简论：以武汉城市圈为例》，载《当代法学》2012年第2期。
⑤ 张彪：《区域冲突的法制化治理》，载《学习与探索》2015年第3期，第23页。
⑥ 戴小明：《区域法治研究：价值、历史与现实》，载《中共中央党校（国家行政学院）学报》2020年第1期，第87页。
⑦ 韩大元：《简论法治中国与法治国家的关系》，载《法制与社会发展》2013年第5期。
⑧ 公丕祥：《法治中国进程中的区域法治发展》，载《法学》2015年第1期。

在一个脱离国家法治发展总体方向的区域法治现象。①

二、区域法治研究的成就取得与未来趋势

(一) 区域法治研究的既有成就

1. 专业的研究机构

一是民族区域法治研究，主要设立在民族高校、民族地区高校和社会科学院。如中南民族大学民族法制研究中心、云南大学西南边疆少数民族研究中心等。

二是港澳台法治研究，主要设立广东、福建沿海高校，以及地方社会科学院等。如武汉大学两岸及港澳法制研究中心、中国人民大学台湾法律问题研究所、深圳大学港澳基本法研究中心等。

三是普通区域法治研究，高校、地方社会科学院等多有设立。如南京师范大学江苏高校区域法治发展协同创新中心、华南理工大学广东地方法制研究中心、广东外语外贸大学区域一体化法治研究中心等。

四是城乡区域法治研究。如浙江财经大学设立城乡一体化法治研究中心、华南农业大学设立城镇化法治研究基地等。

五是经济特区及自贸区法治研究，所在区域的高校、社会科学院多有设立。如海南师范大学海南经济特区法治战略研究基地、上海财经大学自贸区法治研究中心等。

2. 区域法治著作丰硕

一是区域法治基础研究。有文正邦、付子堂主编的《区域法治建构论——西部开发法治研究》；公丕祥主编的《区域法治发展研究》(第一、二卷)、《区域法治发展的理论分析》；公丕祥、龚廷泰主编的《区域法治发展基础理论研究》(第一卷)；张清主编的《区域法治文化比较研究》；骆天纬的《区域法治发展的理论逻辑——以地方政府竞争为中心的分析》。

除上述著作外，2014年初，为了推动当代中国区域法治发展理论与实践研究深入扎实开展，南京师范大学法学院、东南大学法学院、苏州大学法学

---

① 公丕祥：《法治中国进程中的区域法治发展》，载《法学》2015年第1期。

院、扬州大学法学院和江苏省社科院共同组织编辑了《区域法治发展研究丛书》。目前已经出版的著作有公丕祥主编的《变革时代的区域法治发展》、周佑勇主编的《区域政府间合作的法治原理与机制》、夏锦文主编的《区域法治发展的文化机理》、刘旺洪主编的《区域立法与区域治理法制化》。

二是特别地区的区域法治研究。有戴小明、潘弘祥等的《统一·自治·发展——单一制国家结构与民族区域自治研究》《自由贸易法治论丛》；郑少华主编的《自由贸易法治评论》（第一辑）；吴大华等著的《新形势下贵州区域法治建设调查与研究》；方益权、肖磊所著的《温州模式与温州区域法治文明研究》；陶品竹所著的《京津冀协同发展与区域法治建设研究》。

三是普通型区域法治研究——区域立法合作、区域政府合作、区域联合执法、区域司法合作（包括设立跨行政区划的人民法院、人民检察院的司法权配置）、区域流域治理研究等。如叶必丰等著的《行政协议：区域政府间合作机制研究》；陈光所著的《区域立法协调机制的理论建构》；石佑启等著的《区域经济一体化中府际合作的法律问题研究》。

3. 区域法治研究形态的深化

以同一级行政区划为标准——省域、市域、县域、乡镇基层——进行研究，并取得了丰硕成果。杨发祥和郭科认为，随着省、市、县等概念进入学术视野，在社会学意义上需要重新梳理相关概念、关键议题。[1]

省域包括戴小明、苗丝雨提到省域是中国行政区划的顶层，是国家地方治理的基础单元，省域法治也是以行政区划为基础的区域法治中最基本、最稳定的类型，从六个方面突出省域治理关键环节和具体制度。[2]

市域包括有张文显提到的如何推进"市域社会治理现代化"这一目标，认为市域治理事关国家治理顶层设计落实落地。[3] 徐汉明通过梳理市域社会治理的内涵、基本遵循及核心要义、市域治理现代化的可行性、推进思路四个方面讨论市域治理现代化如何早日实现。[4] 龚廷泰创新性地提出了"整体

---

[1] 杨发祥、郭科：《全域治理：基层社会治理的范式转型》，载《学习与实践》2021年第8期，第84页。

[2] 戴小明、苗丝雨：《区域法治与新时代省域治理》，载《行政管理改革》2021年第6期，第32页。

[3] 张文显：《新时代中国社会治理的理论、制度和实践创新》，载《法商研究》2020年第2期，第3页。

[4] 徐汉明：《市域社会治理现代化：内在逻辑与推进路径》，载《理论探索》2020年第1期，第13页。

性法治"这一概念,将市域社会治理纳入新型法治概念,认为应该系统把握市域社会治理法治化。① 周振超、侯金亮提到,市域社会治理不但有行政空间上的管理意义,还有特殊的层级意义,对上处于推进基层社会治理法治化;对下是贯彻落实国家治理意志的得力抓手。② 魏志勋则从设区的市的城市管理权入手,认为市域社会治理现代化的前提在于完备的城市管理制度建设,因此结合《立法法》对"城乡建设与管理"进行探讨。③

县域包括有公丕祥总结的县域法治在国家法治发展进程中具有独特地位,同时在很大程度上还决定着整个国家法治体系的效能,分别从县域法治理念的确立、创新发展、历史性展开等方面深刻解读了党的十九大报告中的战略部署。④ 周祖成、池通同样深入分析了县域在国家法治建设中的重要地位,提到县域是法治改革民众参与的重要试验场,也是法治社会效果的检验场。⑤ 杨玉圣则认为在目前的法治语境下,县域治理应以法治为导向,以自治、礼治为支撑,强调在发达县域,有可能最终达到县域善治的愿景。⑥ 夏柱智结合华北某县盗采现象实地调研,通过对县域政权的条块分割现状进行剖析,提出使分散的执法权力整合成"条块互嵌"模式,创新县域治理结构是基层治理法治化的重要保障。⑦

(二) 区域法治的研究趋势

1. 方法论的创新日渐明显

公丕祥在《区域法治发展的概念意义——一种法哲学方法论上的初步分析》一文中,首先从方法论角度研究区域法治发展问题,以"多样性统一"

---

① 龚廷泰:《"整体性法治"视域下市域社会治理的功能定位和实践机制》,载《法学》2020 年第 11 期,第 125 页。
② 周振超、侯金亮:《市域社会治理法治化:理论蕴含、实践探索及路径优化》,载《重庆社会科学》2021 年第 8 期,第 120 页。
③ 魏志勋:《市域社会治理视阈下设区的市城市管理权限界定》,载《法律科学》(西北政法大学学报) 2021 年第 5 期,第 101 页。
④ 公丕祥:《新时代的中国县域法治发展》,载《求是学刊》2019 年第 1 期,第 1 页。
⑤ 周祖成、池通:《国家法治建设县域试验的逻辑与路径》,载《政法论坛》2017 年第 4 期,第 12 页。
⑥ 杨玉圣:《法治、自治、礼治与善治——立足于县域法治与县域善治的讨论》,载《政法论坛》2017 年第 4 期,第 23 页。
⑦ 夏柱智:《"条块互嵌"和基层治理法治化——县域治理创新的角度》,载《天津行政学院学报》2019 年第 9 期,第 70 页。

概念命题和"个别化的方法原则"之视角进行分析。① 区域法治发展的"多样性统一"是指主权国家范围内的区域法治发展是一个多样性与统一性有机结合的过程。"个别化的方法原则"是从黑格尔到19世纪德国历史主义的思想演变进程中逐渐形成的方法论，韦伯为集大成者。以此方法提醒我们注意国家法治发展在实现过程中的区域差异性、重视无数不同的经验事实、自然条件、种族关系等因素。其后，紧接着从国家发展②、社会演进③、"文化大传统、小传统"④等范式分析区域法治的动力因素、文化传统对区域法治发展的基础性功用。另外，夏锦文运用法律社会学的方法丰富发展了区域法治的基础理论，⑤并且重点关注其中的法治文化问题。姜涛也自觉关注区域性发展的分析工具，认为区域发展属于哈耶克意义的先下而上的自发秩序路径，可以容纳社会多元力量共同参与、共同实施的法治秩序生长，这与"通过国家法的制定、颁布与实施，建构一种法治秩序"存有不同。⑥ 江雪松则主要借鉴韦伯的理想类型方法，将区域法治发展类型化为形式理性的强统强竞、形式非理性的强统弱竞、实质非理性的弱统弱竞、实质理性的弱统强竞。⑦

2. 类型化倾向

近年来，类型研究是区域法治的重要特点。特别是中央政府将一些区域设立、开发和建设均上升至战略层面，若干个地区的法治发展命题如遍地开花般涌现。以南京师范大学中国法治现代化研究院为代表，一批学者重点、持续关注了国家级新区的法治发展。吴欢以法治政府为基点，主张当前国家级新区需要从成立领导小组、健全职能机构、编制实施规划等方面加强建设。⑧ 韩玉亭从纵向博弈和横向制衡优化区域法治发展进路，前者指国家级

---

① 公丕祥：《区域法治发展的概念意义——一种法哲学方法论上的初步分析》，载《南京师大学报》（社会科学版）2014年第1期，第59-71页。
② 公丕祥：《国家发展：区域法治发展的分析工具》，载《社会科学战线》2018年第2期。
③ 公丕祥：《当代中国区域法治发展的动力机理——纪念中国改革开放四十周年》，载《江苏社会科学》2018年第4期。
④ 公丕祥：《区域法治发展与文化传统》，载《法律科学》（西北政法大学学报）2014年第5期。
⑤ 夏锦文：《区域法治发展的法理学思考——一个初步的研究框架》，载《南师大学报》（社会科学版）2014年第1期，第86页。
⑥ 姜涛：《区域法治发展路径：一个文化论的解释》，载《江海学刊》2014年第4期，第131页。
⑦ 江雪松：《国家治理体系中的区域法治发展类型学分析》，载《宁夏社会科学》2017年第4期。
⑧ 吴欢：《国家级新区法治政府建设的顶层设计》，载《哈尔滨工业大学学报》（社会科学版）2018年第6期，第12-13页。

新区法治实践需要法治中国蓝图的宏观指导及必要规范,法治中国也需要国家级新区的价值整合和制度创新,后者指应处理好国家级新区法治建设中内部生态间、内部生态与外部生态间的动态平衡关系。① 也有学者通过"先行先试"②,论述国家级新区的制度供给模式。除此之外,还有长三角、珠三角、环渤海经济区、京津冀三角区、长株潭经济圈、泛珠三角、西部开发地区、民族自治地区等类型研究。如夏锦文、陆俊杰认为长三角地区同质化与异质化法治文化并存、现代型与传统型法治文化并存、建构性与进化性法治文化并存,故需要以理性法治文化生长为主要目标,强化政府、非政府组织、私权主体的多元参与。③ 也有学者长期关注民族自治地区的法治发展模式,主张民族区域法律体系的建构时期,出台的重要宪法性法律规范主要解决民族区域与国家之间的关系问题。④

3. 由单一立法场域转向立法、司法共同推进

立法场域是区域法治发展命题自提出以来的首要关注点,地方立法工作如何促进区域法治的建设是区域立法的基本问题。姜述弢认为《中华人民共和国立法法》(2000)解决了法律法规的纵向冲突问题,但遗留了立法横向冲突问题。对此需要完善区域协调立法,具体路径包括注意不与其他区域立法相冲突、以地方性法规为主,政府规章为辅、调动各地方的主动性和积极性等。⑤ 另外,有一些学者关注区域法治中的环境立法,认为区域环境法治缺乏综合性的区域环境法律,尤其现有的跨行政区水环境管理专门立法的级别和层次太低,缺乏权威性。⑥ 主张加强区域法治的环境立法力度,修改《中华人民共和国环境保护法》时落实区域环境生态整体性理念,并制定

---

① 韩玉亭:《国家级新区法治实践中的纵向博弈与横向制衡》,载《哈尔滨工业大学学报》(社会科学版)2019年第4期,第25页。
② 参见倪斐、奚庆:《国家级新区先行先试权及其法治化改进》,载《哈尔滨工业大学学报》(社会科学版)2018年第6期;杜维超:《国家级新区先行先试法治化的制度成本》,载《哈尔滨工业大学学报》(社会科学版)2020年第6期。
③ 夏锦文、陆俊杰:《长三角区域法治文化的基本特质与协同理路》,载《法学》2014年第8期,第74页。
④ 戴小明、冉艳辉:《新中国民族区域法治运行轨迹与基本经验》,载《中南民族大学学报》(人文社会科学版)2019年第6期,第7页。
⑤ 姜述弢:《建立协调立法制度加强区域法治建设的若干思考》,载《社会科学辑刊》2010年第2期,第79页。
⑥ 马燕:《我国跨行政区环境管理立法研究》,载《法学杂志》2005年第5期,第86页。

《区域环境资源保护法》基本法律。① 随后，在持续分析区域法律体系基础上，② 一些学者开始探索司法场域，构建司法治理体系，推动区域社会的良善治理。"区域司法协同治理主要通过多元主体的协同互动，着力构建一种有序的区域司法治理结构"。③ 方乐具体从跨行政区划法院方面讨论区域司法的治理功能，它既可以破解司法地方主义，提升司法的公信力与司法权威，也可以运用司法对社会资源和公共利益进行再分配。④ 陈焘、刘宇琼则对京津冀地区的司法协同治理进行实证考察。⑤

三、区域法治研究存在的主要问题及其出路

（一）区域法治研究面临的主要问题

1. 区域法治与类似词语存在混淆

伴随着"区域主义"的崛起，区域法治发展命题的提出，有学者对它是否具有合理性基础，能否作为规范上的分析工具、事实上的经验模式存在疑虑。其中一个重要理由是认为区域法治与类似概念相互混淆，产生知识冗余。张彪和周叶中在《区域法治还是区域法制？——兼与公丕祥教授讨论》一文中即主张用区域法制代替区域法治，他们认为，①区域法治发展与地方法治的概念高度相似，在提出背景上，二者都具有"法治国家建设重要试验田"的意义。"只有真正重视地方法治，加快推进地方法治建设，法治国家的理想才有可能实现"⑥，地方法治因法治建设理想与现实的紧张关系而产生。而区域法治的话语也有"从前现代社会法律系统向现代社会法律系统"

---

① 参见肖爱：《区域环境法治：困境与对策》，载《求索》2011年第3期；史玉成：《西部区域生态环境法治建设的现状与未来——兼论我国环境立法的完善》，载《甘肃政法学院学报》2007年第6期。
② 参见石佑启、潘高峰：《论区域经济一体化中政府合作的立法协调》，载《广东社会科学》2014年第3期。
③ 张丽艳、夏锦文：《国家治理视域下的区域司法协同治理》，载《南京社会科学》2016年第5期，第83页。
④ 方乐：《跨行政区域法院的区域治理功能》，载《江海学刊》2017年第2期，第145页。
⑤ 陈焘、刘宇琼：《区域协同治理的司法促进——基于京津冀司法协同的考察》，载《河北法学》2020年第6期。
⑥ 黄文艺：《认真对待地方法治》，载《法学研究》2012年第6期，第23页。

"国家法治发展战略的试验田"的色彩,二者几乎雷同。②以规范调整区域关系为核心的区域法制具有更高的正当性。区域法制具有权力规范性的重要特点,权力规范性是指区域法制调整地方政府跨区域行为的核心是规范地方政府的权力运行,区域法制的权力规范原则意在维护区域秩序,① 这与区域法治的利益调整方案存有极大不同。刘茜芸也认为区域法治与近似词语混淆不清,区域法治的主张者以空间变量区分相似命题具有单薄性,且意义甚微。并认为"如果地方法治的概念已然是对国家整体主义法治观的批判,且地方法治建设从微观意义上对于国家法治建设具有推进作用,那么区域法治概念的提出就有冗余之嫌。"② 陈景辉的批评最为严厉,认为目前关于"地方(区域)法治(制)"的讨论相当热烈,但由于同"法治的目标就是对专断权力的限制"这个法治的核心含义难以匹配,所以各种特定区域法治发展模式并不能成为一个有效的概念。③ 然而,这不能不说有"把小孩连同洗澡水一起泼掉"的倾向。

2. 区域法治发展的动力因素不明

当今学界对于区域法治的动力基础各有论述,存在着较大差异。有学者认为区域法治在于政府推动,有学者从非正式性行政力量的视角对法治建设的动力进行分析,还有学者将区域法治的动力因素归结于吸引要素流动性、促进区域经济增长。周尚君认为,扩大地方政府立法权,提高政府的自主性发展将会引导和推动地方从初级 GDP 竞争、原材料和低生产率、低人力成本竞争迈向以制度环境优化为基础的竞争;④ 周尚君还对"程序型法治"的湖南、"自治型法治"的广东以及"市场型法治"的浙江进行案例分析,⑤ 进一步揭示了区域法治的政府实验在国家能力建设、社会组织培育等方面的功能。孙笑侠倾向持第二种观点,主张政府作为法治的推动力,只是形式上的表象,法治真正的推动主体不是政府,而是市民阶层和法律职业,⑥ 此种

---

① 参见张彪、周叶中:《区域法治还是区域法制?——兼与公丕祥教授讨论》,载《南京师大学报》(社会科学版)2015 年第 4 期。
② 刘茜芸:《存在一种区域性法治吗?——对一个新法治概念的质疑》,载《晋阳学刊》2021 年第 3 期,第 120 页。
③ 陈景辉:《地方法制的概念有规范性基础吗?》,载《中国法律评论》2019 年第 3 期,第 27 页。
④ 周尚君:《如何有序推进地方法治竞争》,载《人民法治》2016 年第 6 期,第 50 页。
⑤ 周尚君:《国家建设视角下的地方法治试验》,载《法商研究》2013 年第 1 期,第 5-7 页。
⑥ 孙笑侠:《拆迁风云中寻找法治动力——论转型期法治建构的主体》,载《东方法学》2010 年第 4 期,第 7 页。

非行政力量能够对法治建设起到重要作用。法治的基石在一个国家的人民群众所创造的"生活"中,即"一个民族的生活创造它的法制,而法学家创造的仅仅是关于法制的理论"(苏力语)。孟涛则主要基于政府招商引资行为予以分析,认为招商引资是激励中国开展法治建设的主要动力之一。①

3. 跨区域的合作困境

互不隶属的行政区划之间的区域合作,是区域法治面临的现实困境。有学者说:"面临的最大问题就是地方政府之间的横向联系缺乏合法性基础,区域关系如何构建、如何调整没有任何法律上的依据。"② 当前区域法治合作主要来源于中央推动,而且区域内的各个行政区划的合作意愿不一,被动合作大多以签订"合作框架协议"的方式予以回应。③ 区域法治的横向合作机制推进困难,这在现阶段重点体现为立法层面。产生这一难题的原因主要有两方面:①地方政府间的竞争多于合作。区域政府缺乏正当的价值导向和有效制约机制,为了避免地方社会经济的近期利益容易过度竞争甚至是恶性竞争,从而产生地方保护主义、资源浪费等负面影响。难以保障生产要素在区域内自由流动,无法促进统一合作市场的形成,与区域协调发展的要求相悖。④ ②区域发展的不平衡导致跨区域的合作困难。尽管改革开放以来使社会生产力有了很大提高,但区域发展不平衡及城乡发展不平衡的问题依然突出。⑤ 就民族地区的发展来说,在经济社会水平上它不仅与中东部地区存在明显差距,两极分化现象严重,而且民族区域内部的不同地区、不同民族及同一民族下的发展也有很大的不平衡性,导致区域间发展的多重差异格局。这在客观上将会影响一体化区域的府际合作,难以通过对彼此政策、法律的推行来减少差异,毕竟经济基础与上层建筑的原理仍是解释跨区域合作的有力工具,区域发展不平衡及其后果将会不利整个区域的法治建设。

---

① 孟涛:《中国法治竞争的第二波》,载《江苏行政学院学报》2019 年第 5 期,第 130 页。
② 张彪:《区域冲突的法制化治理》,载《学习与探索》2015 年第 3 期,第 25 页。
③ 陈焘、梁平:《新时代国家治理视角下的区域法治及其实践进路》,载《河北法学》2021 年第 8 期,第 26 页。
④ 曾鹏:《论从行政区行政到区域合作行政及其法治保障》,载《暨南学报》(哲学社会科学版) 2012 年第 5 期,第 16 页。
⑤ 倪斐:《地方法治:解决区域发展不平衡问题的内生型路径》,载《江海学刊》2020 年第 4 期,第 248 页。

(二) 区域法治研究的路径选择

1. 区域法治概念的内涵界定与外延澄清

概念是认识事物性质的知识前提,认真对待语词能够加深对一般现象的规律性把握。区域不仅包括行政层级意义的政治界定标准及空间地理因素,还具有精神文化要素的内涵,它是指政治主权范围下基于共同的地区文化意识而形成的单元或集合体,具有自然空间、社会活动、人文精神的多重维度。区域法治是"一定区域为满足地方和区域社会治理需求,依照宪法原则和精神,根据自然环境、经济基础、文化特点、历史传统、民族习惯等因素形成具有区域特色的法治运行模式的统称"[①]。它的主要目标是创设出一套区域性的规则体系,保障个人权利。在遵循维护自由和秩序的价值下,确立个人合法的利益诉求、价值愿望,实现法治的良善功能。

另外,在外延上:①区域法治不等于地方法治。就地方法治来说,其主要关注对象不是"法治"而是"地方"。这导致使用地方法治与国家法治具有一种对照关系,存在一种二元结构图景——"地方中心主义法治观"和"国家整体主义法治观"。持地方法治观点的学者认为,地方和基层可能是更为重要的和主要的法治建设主体[②],地方法治的试验是法治中国建设的主要推动力[③]。但这忽视了在具体空间因素下开展的多样性法治活动,缺失了以地域空间的要素对地方法治的概念构成予以分析,更没有从区域文化维度的特殊性立场揭示内在价值底蕴。②区域法治不等于地方法制。如果说地方法治注重的是在国家法治下以特定行政辖区为基础的法治推进样态,那么地方法制则主要关注制度建设方面。葛洪义认为,"地方法制是一种规则与制度的总和,它在地方结合当地实际,应在宪法法律实施产生问题的过程中而形成"[④]。地方法制形态是依据宪法法律规范的实施逐渐生成的,是制度建设的具体载体。可以看出,地方法制与区域法治是两个不同的话语体系,前者的语境"重在通过各种具体制度的建设,不断推进实施国家的宪法与法律的进

---

① 戴小明:《区域法治:一个跨学科的新概念》,载《行政管理改革》2020年第5期,第72页。
② 付子堂、张善根:《地方法治建设及其评估机制探析》,载《中国社会科学》2014年第11期,第130页。
③ 周尚君:《国家建设视角下的地方法治试验》,载《法商研究》2013年第1期,第4页。
④ 葛洪义:《"地方法制"的概念及其方法论意义》,载《法学评论》2018年第3期,第23页。

程"①,侧重于地方层面的制度发展。而后者如上所述是具有文化特色的单元或集合体,其意义表明,除了一套制度体系安排外,还观照了制度规范背后的社会事实,重视观念、惯例等非正式性因素。

2. 政府推动与社会演进的统一

首先,区域法治发展战略的实施离不开政府推动,自现代国家产生以来,政府本身就是社会公共利益的代表者和维护者。"无论是中央政府还是地方政府,其采取不同手段都是为了解决在市场经济发展过程中导致的区域发展不均衡问题"②,而且伴随着区域差距的逐渐拉大,政府在制度供给方面更需要提升能力。可以说,当前之所以会出现区域发展(包括法治)不协调,也有因为地方政府体制变迁滞后于社会经济发展的缘故。所以,区域法治发展在很大程度上仍需要区域政府着力推动。不过,国家整体主义、建构主义、理性主义的法治实施只是区域法治发展初期萌芽的产物,充分发挥社会主体的自主性、创造性及自治功能,保持社会进步的生机与活力,这是区域法治迈向成熟的标志。故区域法治发展离不开"社会演进"型的自生自发力量,需要以"社会中的法""行动中的法"的视角认识、理解和衡量法治,探寻微观社会与法治之间的相互作用。公丕祥也持类似观点,认为在区域法治发展动力系统中,区域政府努力推动区域发展的制度创新时,更为重要的是区域社会内部自然生长起来的或渐次演进的内生性制度变革的因素或条件。③

3. 建立跨区划的区域法治合作机制

2018 年,中央政府就曾发布了《关于建立更加有效的区域协调发展新机制的意见》文件,其中明确指出,到 21 世纪中叶,建成属于现代化强国的区域协调发展新机制。也就是说,在取得中央"授权"的前提下开展"合法"立法,建议确立地方立法机关联合立法机制,共同审议和确定区域发展规划以及制定区域性法律规范,这一点是符合法治型国家治理的内在要求的。不过,依据当前尚无"联合立法"的现实,无论就中央授权立法的事

---

① 葛洪义:《法治国家与地方法制》,载《法学》2009 年第 12 期,第 15 页。
② 孙晋、钟原:《我国区域协调发展战略的理论逻辑与法治保障——基于政府和市场的二元视角》,载《江西社会科学》2019 年第 4 期,第 147 页。
③ 公丕祥:《当代中国区域法治发展的动力机理——纪念中国改革开放四十周年》,载《江苏社会科学》2018 年第 4 期,第 20 页。

项还是区域内法律规范的立、改、废等立法行为，都需参考法治先行化区域的经验模式，由区域内各地立法机关同步起草、交互征求意见、联席审议。在此方面，有学者总结了一些省级地方立法主体推行的协作方式。如2006年7月，辽宁、吉林、黑龙江三省签署《东北三省政府立法协作框架协议》，开展联合立法，或者由地方共同的权力机关或行政机关对区域合作事项进行地方立法，形成中央宏观立法与地方中观立法相结合的立法体例，构建完整的区域合作法律规范体系。[①] 另外，也有学者以跨省流域生态补偿为视角，主张在既有的跨区域合作主体中明确实施跨省流域生态补偿的主体，通过跨区域协商性立法和地方具体实施性立法明确跨省流域生态补偿的权责，实现跨区域管辖组织的合法化。[②]

（邵彭兵，南京师范大学中国法治现代化研究院博士研究生）

[①] 杨治坤：《区域治理的基本法律规制：区域合作法》，载《东方法学》2019年第5期，第99页。
[②] 汪永福、毕金平：《跨省流域生态补偿的区域合作法治化》，载《浙江社会科学》2021年第3期，第72页。

辅助性原则在中国的展开
——读李旭东著《当代治理理论：辅助性原则研究》

於兴中

《当代治理理论：辅助性原则研究》是李旭东博士多年来从事治理与法治理论研究的最新成果，该书讨论了辅助性这个重要概念的基本原理和实践。李博士认为，虽然辅助性原则源自欧洲，并在欧盟当今的建设中起到了非常重要的作用，但这个原则并不限于欧盟的实践和欧洲的出处，它也可以用来为其他国家及地区的治理实践服务。

辅助性原则是一规范社会组织的基本原则。简言之，即在一社会中直接影响人民生活之决定，原则上应由最接近个人的小单位来做，只有在它们做得不够好时，才由大单位加以协助。《牛津英语词典》将"辅助性"定义为"中央机构应具有辅助功能的原则，只执行那些地方机构无法执行的任务"。这一概念已经被广泛用于政府管理、政治学、神经心理学、控制论、管理学以及军事指挥等领域。

辅助性原则这个概念，在西方哲学界出现得很早，其思想渊源可追溯至中世纪的阿奎那斯（Saint Thomas Aquinas），甚或更早的亚里士多德的政治哲学，近可追溯到19世纪的蒲鲁东（Pierre Joseph Proudhon）。但最早具体阐述该原则的，很可能是信奉加尔文主义的法哲学家约翰斯·阿尔图修斯（Johannes Althusius）。他在1603年的《政治学阐释——以圣俗例子为证》（*Politica Methodice Digesta, Atque Exemplis Sacris et Profanis Illustrata*）一书中对这一概念和联邦主义做了较详细的讨论。另外，有感于当时国家权力日益腐蚀教会，罗马教廷在20世纪上半叶提出将辅助性原则作为重建社会秩序的基本原则。二战后，欧洲国家逐渐将此社会哲学转化为法律概念，如德国及瑞士将该原则纳入其宪政体制中，以解决联邦与地方政府的分权问题。在美国，美国宪法第十修正案指出，宪法没有授予联邦政府，也没有禁止各州持有的权力，都分别保留给各州或人民。

就该概念的学术研究而论，在欧盟已经非常成熟，在美国没有那么热门，在国内研究较少。李旭东博士的这本书是为数不多的有关该领域的杰作。该书把辅助性原则看作一个现代的治理理论。其基本含义是，应当重视各层级机构与主体在治理中的作用，尤其要重视基层与下级机构的作用。作为一种具有普遍意义的原理，其影响已经扩展到整个世界。在当前，辅助性原则对促进中国国内的治理现代化，加强对区域性全球性治理秩序的塑造能力的提升，对国际政治法律治理的话语权等具有多方面的重要性，值得借鉴。出于以上基本立场，该书回顾了国内外的研究现状后指出，虽然学界对于辅助性原则的研究已经取得了很多成果，但是进一步研究的空间仍然很大。

该书有很多值得称道的细节，大体而论，具有两个非常明显的特点。第一个特点就是对于辅助性原则的理论贡献。在此方面，作者提出了非常有建设性的见解。他认为，应该把强调权力之"自下而上"配置的"在地治理原理"与强调"自上而下"配置的"上级干预原理"，以及强调权力之横向协作的"分域治理原理"，视为辅助性原则的基本内容。这在很大程度上弥补并修正了目前关于辅助性原则论述过于简约的不足。在此基础上，该书强调重视开展辅助性原则的研究，首先要区分辅助性原则的一般原理与具体模式，并进而阐述了各种辅助性模式的不同功能。

第二个特点来自于作者运用自己发展和完善的辅助性原则的理论对中国现实实践进行的探讨。中国是一个多省份多民族区域的国家。每个地方都有其自身的特点，表现在自然环境、人文精神、风俗习惯、矿藏物产等方面。辅助性原则一方面可以减轻中央负担，另一方面可以释放地方的能量。地方一旦拥有自主性，各地的发明创造、生活方式便会百花齐放。经济发展与地域特色相结合会产生出独特的地域经济，已是被证实了的现实。唯有地方才具有与个人生活的直接相关性，也唯有地方才能恰当地解决当地的需要。遵纪守法首先落实在地方，官员问责一般也都发生在地方。

辅助性原则显而易见的优点是，其可以在很大程度上避免系统性失败，因为对共同问题的不同解决方案可以避免共同模式的失败。而个人和团体的主动性被赋予了解决问题的最大可能性。与此同时，在强势的中央政府主导下，地方主动性/责任感萎缩的棘手问题也可以避免。当然，在地方对共同资源的使用具有广泛的区域甚至全球影响的地区,更高层次的权力机构可能更为有效。

李旭东博士的新著内容十分丰富,我这寥寥数语自然是泛泛之谈,不可能细数其哲理。感兴趣的人还需细读该书,才能领会其中的奥妙。

(於兴中,康奈尔大学法学院王氏讲席教授、杭州师范大学特聘教授)

官员考评：从考评官员到考评权力的新定位
——读《我国地方官员考评制度研究》有感

彭辉

官员考评是我国干部制度的重要组成部分，在我国国家治理现代化进程中发挥着重要作用，是预防权力腐败的迫切要求，也是现行官员考评制度完善的内在要求。历史和实践一再证明，仅仅依靠官员的承诺以及所谓的忠诚并不能保障权力在官员手中能够得到规范的行使。习近平总书记强调，考评干部要经常化、制度化、全覆盖。既把功夫下在平时，全方位、多渠道了解干部，又注重了解干部在完成急难险重任务、处理复杂问题、应对重大考验中的表现；既在小事上察德辨才，更在大事上看德识才。面向全面建设社会主义现代化国家新征程、向第二个百年奋斗目标进军的第一个五年，党中央已经对贯彻执行好各项制度、把我国的制度优势更好转化为国家治理效能作出战略部署。但"天下之事，不难于立法，而难于法之必行"。

总体来看，当前各地区各部门政绩考评体系仍然面临一些突出问题，地方领导干部的思想观念易受各种因素的影响和制约，法治意识也体现为差异化、非均衡、均质性的特征，考评评价的制度化、规范化程度不高，政绩考评指标体系的科学性、有效性不足，还不能完全适应高质量发展的时代要求等。如何充分发挥地方官员考评的指挥棒、风向标、助推器作用，激励引导广大干部坚决执行制度，不断提升制度执行力和治理能力，显得尤为重要。在这一背景下，中共广州市委政策研究室王文琦博士在其博士论文基础上修订完成的专著《我国地方官员考评制度研究》（2021年5月由华南理工大学出版社出版）具有其相当的必要性和迫切性，专著在对现行的官员考评机制进行深入考察、研究和分析评价的基础上，以官员权力考评为切入点，展开对权力运行考评评价的理论探索和实践框架构建，进而在理论可行性以及实践可操作性层面勾勒出权力法治的可能图景。在此基础之上，专著重点论证了将传统的以人为核心的考评制度转变为以权力为核心对象构建官员权力考评制度的可能性、可行性和实践路径，其创新之处主要体现为三个准确把握。

1. 准确把握我国官员考评的时代背景

官员考评制度不仅是国家对官员实施奖惩、升降、待遇的主要依据，也是激励官员奋发向上的有效措施，是提高国家机关行政效率的杠杆，是我国历代整顿、改善吏治，惩恶扬善的一项重要措施。改革开放以来，各地区各部门积极推进政绩考评体系的实践探索，并取得多方面明显进展，特别是对政绩考评工作的重视程度普遍提升，已初步形成一套较为成熟的考评制度和考评方式，建立了具有一定针对性的考评评价指标体系，在经济社会发展和党政部门管理中发挥了重要作用。党的十八届三中全会在总结前期官员考评问题短板基础之上，提出推进国家治理体系和治理能力现代化战略目标；党的十九大作出我国社会主要矛盾转化的重大判断，为进一步改进和完善干部政绩考评体系提供了强大的推动力；党的十九届四中全会则进一步强调，坚持党管干部原则，落实好干部标准，树立正确用人导向，把制度执行力和治理能力作为干部选拔任用、考评评价的重要依据。可见，我国对于官员考评经历了从建设到完善，由量的积累到质的提升的过程。

由此可见，官员考评制度建设既是一个理论问题，又是一个实践问题。纵观全书，作者敏锐观察到目前各级党政部门考评工作往往政出多门，考评制度不健全，本位主义严重，重复考评、多头考评屡见不鲜，看到了我国地方官员考评制度仍处于需要完善的起步阶段，对于现存考评的问题挑战进行了类型化梳理：一是指出现有考评制度的制度化水平与高标准考评形势的不匹配，认为我国官员考评制度化水平仍处于一个比较初级的阶段，官员考评制度体系尚不完善，制度层次参差不齐，制度间的衔接还不到位，没有在法治国家框架内找到自身的制度定位，制度的内卷化倾向较为明显；二是强调现有考评制度效能与严格实施考评要求的不适应，认为我国官员考评制度面临的最大困境是制度失灵，这不但导致制度正功能难以实现，还会产生制度对其自身的目的起破坏作用的负功能，进而削弱制度的适应性和目的性；三是指出现有考评制度的制度完备性与候职官员考评生态的不适应，从权力腐败现象入手，通过制度、制度化水平等多个角度探讨我国地方官员考评制度存在的制度缺陷,如在程序维度上表现为,考评的公平性、公开性和公正性有欠缺,程序的约束力不足以及对程序的随意扭曲,甚至为了走程序而走程序,从而造成考评制度运行生态被破坏;四是强调现有考评制度的制度系统性与充分发挥考评结果运用之间的不协调,指出现有考评评价的方法和指标体系设计不够科学,点散、面宽、指标多,考评重点不突出,重显性政绩轻隐性政绩、重短期效果轻长远效果;部分考评内容脱离基层工作实际,推动高质量发展的目标要求难以落实。上述的观察和判断都直面问题、眼光独到、观点犀利、一针见血,旗帜鲜明地指出现有考评制度的问题短板和不足挑战,具有突出的理论意义和实践价值。

目前,我国正处于全面建设社会主义现代化国家、实现中华民族伟大复兴的关键时期。如何紧密围绕社会主要矛盾的转化,有效促进平衡、充分的经济社会发展和衡量治理绩效,建立科学有效、推动高质量发展的政绩考评体系,是新时代面临的具有战略意义的重大任务,各领域繁重的发展任务和严控编制的机构改革要求,使地方和基层政府人少事多的矛盾越来越突出。在缺乏科学有效的考评评价机制下,上级组织布置任务往往随意性强,不考虑地方和基层的实际情况,存在一定官僚主义倾向;而下级单位和基层干部在各种问责高压态势下,为完成各项任务不得不搞形式主义。一些责任心强、勤奋努力的干部,工作成绩不能通过客观准确的评价得到客观真实的反映和体现,在一定程度上挫伤了其工作积极性。这些问题在一些地区和部门具有一定的普遍性。基于此,专著围绕对于地方官员考评的三个核心命题"考什么、怎么考、如何用"展开研究,指出考评对象应从"人"转为"官员权力",指出在新时期亟待建立健全高标准政绩考评体系和科学有效的评价机制,进一步改进和完善政绩考评的内容和方式的紧迫性和必要性。

2. 准确把握地方官员考评的历史演进

我国是一个历史悠久的文明古国,封建政治制度的完整程度较高,特别是科层制结构的官僚体系,堪称体量庞大、体系完整、功能齐备、运作高效。作为封建官僚体系的基础制度,我国古代官员考评制度源远流长。历代统治者在长期的封建统治实践中,基于对维护统治和巩固政权的需要,形成了比较完善的封建朝廷考评地方官员的制度和方法体系,为进一步完善我国干部考评制度提供了丰富的历史渊源。习近平总书记指出,在几千年的历史演进中,中华民族创造了灿烂的古代文明,形成了关于国家制度和国家治理的丰富思想，包括"任人唯贤、选贤与能的用人标准"等。习近平总书记也在多个场合引用中国古代的用人思想，如"政无大小，以得人为重""木有所养，则根本固而枝叶茂，栋梁之材成""不厚其栋，不能任重"等。

纵观我国国家治理的发展进程，始终具有兼容并蓄、博采众长的特点，既注重对自身历史经验的传承，也重视对外来经验和先进理念技术的学习和借鉴，并最终融入中国的治理实践中，形成基于中国国情、扎根中国大地的治理方式。对于官员考评制度而言，亦是如此。当代地方官员考评制度的理论构建，离不开中国传统考评思想的历史传承、中国共产党的执政理念和用人经验、西方国家绩效评价工具的借鉴、各地各部门的实践探索以及现代科技手段的引入，呈现出高度融合和多元荟萃的特征。

明史知今，专著系统考察和借鉴了先秦两汉、隋唐两宋、明清以降等不同时期我国历史官员考评制度的历史经验，考评内容既注意全面性，又突出重点；既考察显性的经济和社会指标，也注重对官吏道德才能的评判，以期型塑官吏的清正、治行、勤谨、廉能的形象；总结吸取其教训，如只唯上、不唯实，会导致官僚作风；考评指标虽然全面但所占比重不合理等，这些消极因素也可以作为反面教材引起我们对历史的反思，吸取教训，为我们今天的领导班子和领导干部考评评价机制的建立和完善提供借鉴。

专著将中华人民共和国成立之后的时期细分为开创期、发展期、完备期、转型期四个不同历史阶段来勾勒我国地方官员考评制度的鲜明特点，在价值特征方面，表现为倡导以德为先与政治忠诚；在组织特征方面，表现为贯彻"党管干部"原则；在规范特征方面，表现为兼顾高度统一与灵活性、适应性。这些特征彰显出我国地方官员考评根植于我国传统历史的丰厚文化土壤，如德才兼备、以德为先的考评理念，德、能、勤、绩、廉的全面考评内容，定性考评与定量考评相结合的评价方式，领导和群众相结合的考评主体，平时考察和定期考评相结合的考评周期安排等，都能够在我国传统官员考评的历史演进中找寻到历史的线索。

近年来，为适应日益复杂和多元变迁的现代公共管理需要，西方文官制度经历了一系列改革，基本完成了从传统的韦伯主义的官僚体制（主要特点是通过考试录用、永业化、非政治化、职业化、等级制、按职位付酬等）向更加宽松灵活、绩效和顾客导向的制度模式（包括非永业化、引入市场机制、合同雇佣制、绩效评估、灵活酬薪等）的转变。专著对官员考评制度和权力及其制约监督的研究成果展开了较为细致的梳理，对相关著名的学说和理论体系，如现代官僚制度理论、新公共管理理论、组织行为学理论、公共选择理论、竞标赛理论等的各自独特见解和局限性进行分解，对美国、荷兰、西班牙、加拿大、德国等国在遵循功绩制和能力制的差异性进行了梳理。这些研究有助于学界拓展官员考评基础理论、绩效考评、绩效评价、评价机制、制度改革、机制建设、域外实践经验等方面的研究视野，有助于官员考评更为精准地设置考题，以"考什么"引导"干什么"，推动考评风向标更加清晰鲜明；有助于优化官员考评方式，以"怎么考"推动"怎么干"，推动考评指挥棒更加精准灵敏；有助于用好官员考评结果，以真兑现真实现真触动，推动考评助推器更加强劲有力。

3. 准确把握地方官员考评的底层逻辑

实现国家的法治化、防范国家特别是各级国家官员滥用权力"超越范围"侵害公民和社会的权利，必须归依法律和法治，通过建立权力的法治化，用法律为国家权力划定范围、筑牢篱笆，使之按照法律规范依法运行。从这个角度出发，专著通过系统分析认为，我国现有的地方官员考评制度是以建构在党内法规为主体的考评规则，是一种侧重于政治忠诚和干事能力的"全人考评"模式，这已经不适应当下的法治国家建设和现代国家治理的需要，对此必须从官员考评向权力考评转型，把握官员履职用权这一核心，才能拨云见日，把握官员考评的重点和方向。

专著建立了对权力运行的考评机制，厘清了权力与法律的关系，认为权力考评机制本质上是在微观权力运行层面上发现符合权力运行实践的更加科学的职权和权力分工方式，整个论述按照对官员权力考评的全生命周期理论——界定权力和法律的关系→在法治轨道上内部分权→依法律行使权力→人民依法律监督权力——的逻辑展开。具体而言，专著重新界定了权力和法律的关系，并将权力置于法律之下，即要首先告知官员其职权范围、内容、责任以及如何行使权力，并对其进行常态化的考评，将超越法律行使权力的可能性降到最低，且时刻接受考评者的监督。在此基础上，专著肯定了适当地强调内部分权和权力分工仍然是当下推进权力法治的一个理性和科学的选择方法。权力依法律行使，政府和官员的一切用权行为都应该经常和定期地接受考评与评价，权力违法运行行为将一览无余并受到应有的惩戒。权力监督的本质就是让原本属于人民的权力常态化地掌握于人民之手，一方面确保公共权力服务于人民，另一方面确保人民可以随时撤换那些不能依法履行职权的"公仆"。

在这一理论指引下，专著借鉴官员考评评价的制度模式建立官员权力考评制度，实现对官员权力运行的常态化考评评价，并探讨在法治轨道上对我国地方官员考评制度进行了重构，包括我国官员考评的转型问题，如对于考评对象的转变、考评原则的确立、考评方法的转变；我国官员考评制度的法治化建构，聚焦于如何推进相关权力考评制度表达法治化、权力考评制度运行法治化、权力考评制度适调法治化，党内法规如何融入国家法体系等问题；我国官员考评的法治化实施路径，如增强法治和权力法治观念，加强权力公开，实行清单管理，增强社会参与及第三方考评。

专著站在作为党管干部的考评制度的法治化以及在全面依法治国视域下推动官员整体制度法治化的立场，在对我国官员权力考评内在逻辑进行梳理的基础上，从官员权力的法定性、可考评性以及人民监督的正当性出发，运用法律的考评评价方式和手段对由具体官员负责的国家权力运行的内容、过程、程序和结果进行考评并做出评价，将官员权力考评着眼于国家权力运行动态监督制约的一种全新制度设计。在此基础上，专著重点阐释了官员考评从考评官员到考评权力新定位的重要价值和现实意义，将国家法治的原则要求与权力监督制约的需求对接起来，借助法律的权威和方法实现对国家权力在微观层面的动态运行规范。

这一评价方式的转型有利于让法律真正发挥规范和驯服权力的功能，既是破解当下我国权力治理困境的现实选择，也是全面依法治国的必然要求；有利于建立起透明公正的权力配置机制，打通法律制约监督权力之功能实现的"最后一公里"，建立"无时不在、无处不在"的法律监督并发挥其威慑作用，进而真正形成一种不能腐、不敢腐、不想腐的机制；有利于选拔出能够真诚服务国家和社会发展以及增益民生福祉的官员，通过考评奖励恪尽职守、服务人民的优秀官员，并对其他官员产生示范作用；有利于监督官员依法履职的情况，对官员的整体素质、能力、依法履职情况做出评价，作为奖惩、升迁、薪资等各方面待遇的依据。

这一转型进路对传统官员考评模式在功能价值上进行了深入挖掘、丰富完善，实现了权力考评和考评制度法治化，确立了人民考评的主体地位和第三方考评的制度安排，将官员权力运行作为主要考评对象，官员依法用权的情况将一目了然，可以保障选拔出既有能力干事又能够做到依法办事的干部；以依法用权考评的数据为支撑，考评从形式化到实在化，官员的激励将完全不同于之前更多依赖主观印象而做出考评结论的情况；以权力运行为日常考评切入点，能够真实反映官员职权行使状况，实现考评与监督一体化、同步化，直接增强权力监督制约效果；权力考评可以与现行"五维考评"标准（德、能、勤、绩、廉）全面对接，用数据说话、用事实说话，对官员评价将更加真实、客观、公正，更加令官员本人和全社会信服。上述分析进路和制度框架是全方位完善现行官员考评制度功能的有益创新，是站在法治国家建设的全局高度对现行官员考评制度的制度逻辑进行的一次全面完善和提升，填补了我国地方官员考评研究领域的空白，不仅有利于推动国家权力运行的规范化、理性化、程序化、合法化，通过赋予考评制度以新的功能，使其发挥出规范、监督和制约权力运行的作用，而且也利于通过创新我国官员考评制度，确保国家权力的纯洁性，实现权力的价值和功能，推动权力治理的法治化，进而最终实现国家法治。

（彭辉，上海社会科学院法学研究所研究员）

追问"后经学时代"的文化性质
——从高瑞泉教授《中国现代精神传统——中国的现代性观念谱系》一书说起

魏敦友

著名学者高瑞泉教授在《中国现代精神传统——中国的现代性观念谱系》一书中探讨中国人的现代精神世界时明确指出,中国在19世纪与20世纪之交,与社会生活的剧烈变动相适应,一个后经学时代①来临了。我认为这是一个非常重要的引领性概念,对于我们确认我们所置身于其中生活的世界的历史方位意义重大,因此值得我们认真对待。

高瑞泉教授明确地提出,他的"后经学时代"概念得益于冯友兰先生,因此我们可以将它看成是对冯友兰先生思想的进一步发展。冯友兰先生在20世纪30年代写成两卷本《中国哲学史》,在该书中,冯友兰先生将20世纪之前的中国学术传统划分为两个时代,分别为子学时代与经学时代。按照冯先生的说法:"就历史上中国学术思想变迁之大概言之,自孔子至淮南王为子学时代,自董仲舒至康有为则经学时代也。"② 冯友兰先生这种截断众流的宏阔思路真令人耳目一新,成为一种别具一格知识论取向的理论范式,在中国思想史研究的萌茁之初就独领风骚。然而令人十分遗憾的是,这种知识论取向后来被主流的社会论取向所代替了。甚至连冯先生自己后来似乎也放弃了这种当年给他带来巨大声誉的知识论取向而转向社会论取向。虽然如此,但一直到今天,其思想的光辉实难被遮蔽。高瑞泉教授提出的"后经学时代"概念即是一明证。高瑞泉教授承续冯友兰先生的观点,认为:"随着最

---
① 高瑞泉:《中国现代精神传统——中国的现代性观念谱系》,上海古籍出版社2005年版,第16页。
② 冯友兰:《中国哲学史》上册,中华书局1984年版,第465页。

后一位今文经学大师康有为和最后一位古文经学大师章太炎相继退出思想界的中心，中国就其文化精神而言进入了后经学时代。"

虽然我非常认同冯友兰先生这种对于中国思想史研究的知识论取向，但我同时认为冯友兰先生的观点过于粗糙。首先，冯先生将自董仲舒至康有为的两千年统称为经学时代，令人费解，且不说时间漫长使人感觉不到变化，体现不出思想进化的层级性，最直观的困惑是，在冯先生所谓的经学时代这个长时段之中，明明有以宋代朱熹（1130—1200）为中心的理学的产生，冯先生为何视而不见？冯先生似乎完全没有意识到理学是全然不同于经学的另一种思维方式！实际上，理学乃是经学的"思想范型的突破"，这一思想突破我认为具体发生在朱熹所注《大学》"格物补传"中。朱熹时代，《大学》中"格物致知"一段亡佚无传，朱熹为之补传云："所谓致知在格物者，言欲致吾之知，在即物而穷其理也。盖人心之灵莫不有知，而天下之物莫不有理，惟于理有未穷，故其知有不尽也。是以《大学》始教，必使学者即凡天下之物，莫不因其已知之理而益穷之，以求至乎其极。至于用力之久，而一旦豁然贯通焉，则众物之表里精粗无不到，而吾心之全体大用无不明矣。此谓物格，此谓知之至也。"① 一般研究者似乎没有太注意这一段论述的重大意义，但我认为它是经学时代突破的显著标志，是中国思想历程中震撼性的划时代的思想事件。如果我们将经学时代定义为权威在圣人，那么朱熹所揭橥的无疑是一个根本有别于经学时代的新的理学时代，它不再将权威诉诸圣人，而是将权威诉诸事理。在经学时代，人们之所以这么行动，是因为圣人之教；而在理学时代，人们之所以这么行动，是因为事理之所要求。于是权威从圣人转移到事理。朱熹的"格物补传"表面上看起来是替圣人作传，殊不知造成的思想突破是中国思想历程之中的圣人之死与理学的开启。可以说，朱熹之后，中国思想正式进入理学时代，虽有经学之名的长期存在，但是作为思维范式的经学世界观则已不复存在，即使如顾炎武所谓"古之所谓理学者经学也"②，对时人束书不读的恶习起针砭作用，但也改变不了经学时代早已过去的客观事实。理学时代的经学家不过享有经学家之名而已，根本上还是理学家，或者说是伪装成经学家的理学家，他们不会认为自己真的是在替圣人说话，根本上还是事理如此而已。如果这样来观察中国思想的历

---

① 朱熹：《四书章句集注》，中华书局 2011 年版，第 8 页。
② 转引自钱穆：《中国近三百年学术史》上册，商务印书馆 1997 年版，第 148 页。

程，那么就不能像冯友兰先生那样简单地将中国学术传统划分为子学时代与经学时代了，而需要从经学时代中离析出一个理学时代。同时令人讶异的是，冯先生以新理学自居，当从朱熹旧理学承袭转化而来，却为什么看不到朱子理学绝不同于经学呢？

冯友兰先生观点的粗糙性还表现在缺乏一种中国思想的自觉。冯友兰先生身处中西文化激烈冲突的时代，他所接受的新实在论哲学教育使他对中国思想不能作通透的认知，他所建构的新理学哲学本质上从属于西方的理念论哲学传统。用这种思想来解释中国思想会错失中国思想的精义，远不如金岳霖、钱穆等人对中国文化的认识深刻。金岳霖认识到，中国文化是以道为最高范畴的思想；钱穆认识到，中国思想的本质是唯道论。钱穆说："中国思想不妨称为唯道论。把这一个道切分开来看，便有时代，有万物。"[①] 唯道论强调人生活在一个现实的人文社会之中并通过自己的行动而建构自己的美好世界，这和西方自古希腊以来虚拟有一个超越的完善世界存在并以追求这个超越的完善世界为职志是大异其趣的。冯友兰先生在《中国哲学史》两卷本中明确指出，以西方哲学的概念来叙述中国思想恰恰是对中国思想道论本真性的遮蔽，这样一来，冯先生的中国哲学史看起来是中国的哲学史，实际上不过是附着在西方理念论（实在论）架子上的一些中国思想碎片而已。

最后，正因为冯友兰先生错失了中国思想道论的本真性，他的中国哲学史因此无法使人看到中国思想在历史进程之中的成长性，从而也无法让人理解中国思想在历史进程之中的同一性与断裂性。中国是一个特别重视历史的民族，一切事件无不发生在人世间，中国人深知即使有天国存在，也不过是人世间的倒影而已。人是历史的存在，历史是人的创造。人性在历史的进程中得到成长与丰富。与之相应，人的知识也在历史进程中发生层级类型转进。故此，历史进程、人性成长与知识类型是一体三分的。按照这一观念，我们可以对冯友兰先生的上述学术体系加以改造，将冯先生所谓经学时代因其多言道而称之为道论创造时期，这个时期如德国哲学家雅斯贝尔斯所说的人类历史轴心时代的中国版。这一时期奠定了中国思想道论的基本风格，同时生成了如冯天瑜先生所称的中华基本元典。由道论创生时期的元典时代或轴心时代开始，此后中国思想走过了自己的经学时代、理学时代。如果我们按照这种逻辑来叙述中国思想，则我们当下所处的时代严格说来不是一个后

---

① 钱穆：《湖上闲思录》，三联书店2005年版，第37页。

经学时代，而是一个后理学时代。以人性成长为喻，若道论创生时代为中国思想的儿童时代，则经学为少年时代，理学为青年时代，进而后理学当为中国思想的壮年时代。由此可见，中国思想博大精深，一脉相承，有成长，有突破，不断丰富。

不过这种说法并不影响高瑞泉教授"后经学时代"这一概念，因为高瑞泉教授明确指出所谓"后经学时代"实质上是一个"过渡时期"①，故此"后经学时代"这一概念就不具有建构性，只有范导性，进而探明"后经学时代"的性质则是我们的头等大事。当然高瑞泉教授因囿于冯友兰先生的叙述框架，看不到隐藏在中国思想中的知识论差异，即经学与理学的根本区别，如果说经学的根本在于圣人崇拜，而理学的根本则为事理遵循，这是本质上不同的知识论逻辑。因为冯友兰先生的经学框架遮蔽了理学的知识特质，认识不到理学是一种全然不同于经学的知识类型，从而不能将理学时代单独作为中国思想的一个时代来看待，这必然会误导人们此后的思想探索，误将经学作为思想突破的对象，殊不知中国现代思想真正的突破对象不是经学，而是理学；不是走出圣人崇拜的思维范式，而是走出事理遵循的思维逻辑。从这里可以清楚看到，冯友兰先生的新理学恰恰是需要克服的对象，我认为，冯友兰先生的新理学是中国理学思维的最后一抹夕阳。

如果说道论的创生是中国思想的第一次突破，经学是第二次，理学是第三次，那么理学突破则为第四次。现在中国思想界面临的问题是，理学突破之后所生成的知识类型应当是什么的问题。这个问题困扰中国思想界已经有上百年的时间了。早在20世纪初，就先后有两部以"中国近三百年学术史"命名的巨著面世，分别是梁启超和钱穆两先生的《中国近三百年学术史》。这两部看似总结清代学术的著作，实际上具有承先启后的性质。比如，梁启超先生在《中国近三百年学术史》一书中开篇就说，要通过对清代既有学术的整理，"再开出一个更切实更伟大的时代，这是我们的责任"。② 我经常迷惑梁先生所谓这个"更切实更伟大的时代"究竟是一个什么样的时代？如何来加以命名？梁先生没有说。和梁先生将清代学术看成是理学的反动不同，钱穆先生将有清三百年学术纳入宋学的框架之中来衡平，真可谓只眼独具，

---

① 高瑞泉：《中国现代精神传统——中国的现代性观念谱系》，上海古籍出版社2005年版，第16页。
② 梁启超：《中国近三百年学术史》，上海三联书店2006年版，第1页。

理学的反动并不像梁先生那样理解为外部的克服,而是内部的突破。理学突破之完成当首推戴震。戴震(1723—1777)著《孟子字义疏证》,一方面认为理实为人情,"理者,存乎欲者也"。钱穆先生认为"以情欲言理,实《疏证》中创见"①。另一方面,戴震又说:"人死于法,犹有怜之者,死于理,其谁怜之?"将理与法作尖锐对立。戴震此一论说具有石破天惊的性质,与朱熹当年作《大学》"格物补传"一样,是中国思想历程之中又一次重大思想事件。如果说朱熹的"格物补传"完成了经学的突破从而走向理学时代,那么我们可以说戴震此一论说完成了理学的思想突破,为走向一个新的时代奠定了基础。戴震揭开了理学的本质,理在理学家们那里被说成是天理,必须遵从,但其实理不过是人之情欲而已!既然理是人的情欲,那么对理的反思性批判所导致的思想结果必然是反对私情私欲,主张公情公欲,如此则是众人之意志的融合,颇如卢梭的"公意论",于是支配人们生活的权威就不再是没有来路的披着神秘面纱的理,而是人们都应参与制定生活的规则,这就是我们今天所说的法。从理到法的范型转进就这样完成了。于是在理学的思想废墟上生出了法学的新花朵。正因此,我将钱穆先生的《中国近三百年学术史》一书的主题解读为"宋明理学的终结与现代中国法学的开启"。现代中国法学的建构乃是一个伟大而艰巨的学术事业,这将与经学、理学一样,成为中国思想长程中一个全新的时代。

如果说梁启超、钱穆两先生还在理学的内部寻找中国思想的现代突破,那么高瑞泉教授所著的《中国现代精神传统——中国的现代性观念谱系》一书则庶几可论定为已立足于理学突破已然完成的新的时代,当然从中国思想的历史进程来看,高瑞泉教授所著乃梁、钱两位先生思想之延展。根据以上论述,我们完全可以合乎逻辑地认为高瑞泉教授所谓"后经学时代"的文化性质其实是"后理学时代"突破之后的一个法学时代。法学时代可以看成是中国思想的第四次突破,如果说中国思想的第一次突破奠定了道论的文化范型,随着而来的经学突破确定了圣人崇拜的思维心理,理学突破确定了事理遵循的思维模式,那么法学突破则是立足于意志论基础之上的自主构建的思维范式。法学时代意味着,人人都是自己生活的积极参与者、意义赋予者,同时也是责任者。我认为这正是高瑞泉教授所说的"近代以来中国人的意义

---

① 钱穆:《中国近三百年学术史》,商务印书馆1997年版,第383页,第385页。

世界的变革"① 的根本要义。

中国历史越四千年,法学突破之前的三次思想突破各自经历了千年的漫长岁月,可以预期,法学时代也将会有千年的历史。作为置身于法学时代的当下的我们,对法学思想范式要有极大的信心,切不可因现实的暂时不如意而悲观消极,法学时代的展现是一个渐进的过程。如果我们将法学范式区分为决断、规范与社会三个层面,应当说经过了晚清、民国与共和三个阶段之后,法学范式的决断层面已经基本完成,法治成为人民共识,尽管采取何种法治的争论会不绝如缕。规范层面,一百多年来取得了巨大的成就,作为现代中国人之生活秩序基础的法律秩序已然成形。至于社会层面,人们将会在现代社会生活中不断意识到法并不是一种外在的限制,乃是自我意志与他人意志的合意,因此社会生活的规则治理将会逐步成为现实。以这种观点回头看高瑞泉教授的《中国现代精神传统——中国的现代性观念谱系》一书,我们看到高瑞泉教授所悉心厘析的进步、竞争、创造、平等、民主、科学、大同及平民八大价值观念可以说位属法学时代的决断层面,正是这样的决断,使我们从理学时代走出来。但是,必须铭记的是,即使在法学突破已经完成的情况下,我们也有必要经常温习作为现代中国之基础的诸多价值观念,以免我们可能重新退回到历史的阴影中去,回到理学时代,甚至回到经学时代。历史经验证明,这不是不可能的,而且是经常发生的。正是从这个意义上讲,我愿意将高瑞泉教授的《中国现代精神传统——中国的现代性观念谱系》一书,与梁启超、钱穆两先生的《中国近三百年学术史》相提并论,因为在我看来,它们都是中国现代法学时代的不朽之作。

(魏敦友,匆草于武汉武昌沙湖之畔,湖北大学)

---

① 高瑞泉:《中国现代精神传统——中国的现代性观念谱系》,上海古籍出版社 2005 年版,第 43 页。

体制内外谈法治：王学堂律师访谈录

受访人：王学堂　　整理：蒋炎峰

【受访人简介】王学堂，男，1972年2月生，山东潍坊青州人，中共党员，现任广东盈隆律师事务所专职律师，管委会副主任。此前曾任职于山东潍坊青州市法院、广东佛山禅城区法院（1995—2007年）、佛山禅城区委区政府法制办、区司法局（2007—2020年）。2020年8月自愿辞去公职从事专职律师工作。现为中国法学会、广东省法学会员、广东省卫生法学会常务理事、佛山市法学会常务理事、佛山市法学会行政法专业委员会主任、禅城区法学会副会长。著有《无法不谈：一个法律人的行与思》等著作多部。开设微信公众号"法律学堂"。

问：作为在法制办工作过12年的老法制人，请问政府法制机构的工作主要有哪些？

答：政府法制机构长期定位就是政府的法律顾问、助手和参谋，因此法制办就是政府的法律智库。

第一块就是政府的规范性文件。

我举个例子，2021年10月网上吵得比较厉害的一个新闻就是某地一个植物人要办残疾证明，必须要本人到场。类似的文件规定我们在工作中经常遇到。很多老百姓对基层人员有意见，实际上真正的原因还在于我们出文件的人。原来我在法制办的时候也遇到过这种问题，残联来了一个文件说你如果要申请补贴，需要本人填写申请表。我说那盲人怎么办？所以我就不给他们审批，让他们把这一条进行了修改，最后改为不能自己填写的或者视觉困难的居民，可以由别人代写、本人捺手印即可。这样的文件才具有合理性。所以规范性文件审查很重要，一个文件出得不好，会影响到很多老百姓的利益，而且执行者也只能按照这种存在问题的文件去执行，挨骂也成了无可奈何的事情。

法制办一项重要工作是出"红头文件",也就是"小立法"。地方政府可以出政府规章,也可以出行政规范性文件,市县区这一级只能出行政规范性文件,简称"红头文件"。2015 年《中华人民共和国行政诉讼法》把红头文件纳入一并审查范围,行政复议也率先把红头文件纳入审查范围,下一步红头文件一定会直接可诉的,而不是现在的一并审查。为什么?因为你出了一个文件,一旦存在问题,属于源头性错误或者标准错误,后续的一系列问题都会跟着出来。

还有红头文件的定性问题。假设咱们前面的这条路要封路,从理论上看这是一个抽象行为;但路两边有 20 户商铺,它是固定的,你还能说这是抽象行政行为吗?这种情况下,我们还是要好好地研究。

红头文件说起来也简单,主要就是"不抵触,可操作,有特色"这三个方面,但要满足这些要求,你就要研究大量的法律法规。

第一个是不抵触。我举个例子,国务院发布的《物业管理条例》第七条规定:"业主在物业管理活动中,履行下列义务:……(五)按时交纳物业服务费用。"于是,许多地方性法规从这条义务规定出发,规定"业主委员会委员应当从具备以下条件的业主中选举产生:遵守管理规约,履行业主义务,按时交纳住宅专项维修资金和物业服务费用,无损害公共利益行为"。有些地方的物业管理条例里面讲,你不交物业管理费,你就不能当业委会候选人。当时我看到这条规定感觉很奇怪:交不交物业管理费和当不当候选人有什么关系呢?结果 2021 年《中华人民共和国民法典》施行以后,全国人大常委会法工委经研究认为,将"按时交纳物业费等相关费用"作为参选业主委员会成员的必要条件,缺乏上位法依据,不符合立法原意和法治精神。全国人大法工委专门出了文件。上述情况就违反了《民法典》的规定,和《民法典》的原则是相悖的。

第二个是可操作。现在我们发现好多文件操作性不强,主要原因是自己没有亲身体验过,不了解实际情况。我在某地的电动自行车管理条例立法听证会上讲:一群坐在办公室的人,都不骑电动车,老是想要给电动车立法,这怎么行?我是电动自行车的忠实终端用户,在佛山禅城城区一直用电动自行车,后来为了看你们的电动车立法现状,特意坐顺风车,就为了在路上看看电动车到底怎么样,这才是立法人应该有的态度。还有,你得考虑老百姓首先是讲利益，而不是讲规矩，而官员是讲服从、讲听话。所以可操作就是我们要做什么东西，我们要知道怎么操作。我自己在法制办的时候，做什么事都要去看一看；文件出来我就问问周围的人，看到这个文件你能不能理解，你知不知道我们想做什么。所以我们要加强文件解读。

第三个叫有特色。如果一个文件出的和别人一样，你有什么特色？所以无论如何我们都要添上一点鲜明的特色。例如《佛山市城市市容和环境卫生管理规定》出台的时候，网上吵成一片，说"你尿歪了也要罚款"，很明显是不切实际的嘛。我们当然知道，因为那就是我们故意造的一个点，这个点被媒体抓住了，然后媒体就迅速报道出来，让全国人民都一块看；批评也是关注，这部法规就起到很好的宣传效果。后来，我们把罚款去掉了，但我们把"小便入坑，大便入池"写上了。这就是立法，立法是一个博弈的产物，需要各种力量的角逐，法乎其上，得乎其中，一开始把标准定得高一点，后边才有博弈退让的空间。

目前看，规范性文件的问题有很多：

第一，文件数量过多，以文件落实文件，而不是为了实际操作；有些是单纯为了表态、为了配套而出的文件。许多上级出文时不考虑基层实际，动辄要求下级应当出台落实文件，导致文件过滥。

第二，行政权力部门化，部门权力利益化，部门利益法制化。就是通过立法的形式为部门争编制、争机构、争规格、争人员、争财物。这里面就夹杂私货，在立法时加上自己的部门利益和部门想法。

第三，现在红头文件还存在着程序上的"过天桥"，就是不经过法制部门的审查。现在法制办和司法局重组后一般被称作"法制机构"，文件不经过法制机构审查，直接"飞"到领导那里，领导也不经过法定程序（即常务会议）直接审批了，这叫"过天桥"。

第四，"走地道"问题严重，就是立法时偷偷摸摸地不经过审核，自己就发布了；甚至不发布，内部领导签个字就算通过了。任何文件理论上如果不经过政府常务会议，不经过法定程序，不经过法制审核，不经过公开发布，就不能作为执法的依据。比如说有个案子，对外说裁量依据是自己部门的自由裁量权规范，我说你这个自由裁量权都没有上网公开。他说有，我说你是有篇新闻报道，但你的这个裁量文件没上网。打开电脑一查，果然找不到。法律规定任何文件不经公布不得作为执法的依据，我们就用这种理由把它否掉了。

第二块工作就是行政复议。

行政复议是一个很好的救济方式，可惜目前被严重忽视了。谁把它弄坏了？还是我们法制人自己弄的。

我举个例子。2021年9月，我在某法院开庭，为一起外来务工人员的交通处罚提供法律援助。我在法院的进门处等候时，一个胳膊吊着绷带的妇女走过来，说："法官，我要立案！"有女书记员过来，看到这个妇女手里只拿着一张纸，书记员说："你要先写份诉状。"妇女急了，"我怎么会写诉状啊？"向来热心的我凑上前，看了看那张纸，原来是人社局的"不予认定工伤决定书"。我说："您可以先到市政府行政复议办去申请行政复议，那里不收费，而且只要写份简单的申请就行。我用手机拍一下您的决定书，到时替您免费写份申请书，微信上发给您！"边上的女书记员也说："对，去行政复议简单，而且这份决定书上写了可以去申请行政复议，如果复议不行，您再来法院。"没想到，这个妇女竟然摇头，"听说他们是一伙的，找复议办没有用！"我的心突然像被针扎了一下，刺心的疼痛。不为别的，就为我所痴爱并从事了13年的行政复议工作。我知道我们的行政复议公信力不高，但我没有想到这么不高，连这么一个普通的外来务工妇女都知道它是"维持会"！无论是作为曾经的法制人还是今天的律师，我都为之感到羞愧！

这几年，平心而论，行政复议机构改革确实走上了快车道，如将条条块块分割的复议职权集中统一到一级政府，如加强行政复议人员的业务培训，如《中华人民共和国行政复议法》的修改已经提到了重要议事日程，但问题也相当严重，那就是报喜不报忧之风大长。某省"82%案件在行政复议程序中化解"这样的话也敢宣传。我看了一下出处，2020年该省82%的行政复议案件在办结后未再起诉，这真的能证明"82%案件在行政复议程序中化解"吗？

行政复议是多么好的制度啊，内部监督机制，现在行政复议法也正在修改。我在法制办的时候，我们一年1500个行政复议案件，复议案件占全省的1/10左右。我们经常讲，解决一个复议案件就是减少一个信访案件，但为什么一到信访领导那里就说搞定它；一到复议了，领导就没有了解决的积极性？若在复议层面把问题解决了，就不会有信访的问题，而且举一反三，会化解一个类型的案件。

就我的判断，目前行政复议机关"维持会"的基本格局没变，估计短期内也不会变。而且由于双被告制度的存在，导致行政机关和复议机关"是一伙的"的观感更明显，因为坐在被告席上的复议机关往往就是一句话，"和行政机关意见一致"。这是不是"一伙的"？行政诉讼法修改后，不管是复议维持还是怎么样，如果有人起诉，大家都要成为共同被告。这个改了之后行政复议质量没有明显改善，原来叫"维持会"，现在更是"维持会"了。这就导致了复议办人员天天在开庭，疲于应付，所以这个制度是个错误的制度。当时设计的时候我们就说要么就是单被告，只要复议过的都是复议机关来当被告——这是我的观点，通过这种方式把复议机构做大。但是现在成为双被告以后，两个人变成一伙的了，变成我们俩一块去对付当事人。行政复议作为化解矛盾的主渠道没有发挥出来。我们是个 14 亿人口的大国，如果每个人一个案件，都来起诉，那就会诉讼爆炸。目前看法院、检察院、仲裁委各个机构都是案多人少，案件积压严重，我们得想点办法解决。我们讲，要形成大复议、中诉讼、小信访这种格局，以多元化的方式化解大量的诉讼纠纷。

第三个工作就是行政应诉。

法制办代表政府出庭应诉，在法院的主持下，双方有理讲在法庭，有理辩在法庭，最终通过法院来裁定是非，然后政府积极主动地通过应诉向老百姓宣讲法律，把事实给老百姓讲清楚，把道理给老百姓讲明白，所以我喜欢亲自出庭应诉。这么多年，领导经常问我案件结果，我就说该赢的官司都赢了，该输的也依法输了。

现在要求领导也要出庭，效果怎么样？其实不错。佛山第一例行政首长出庭案件就是我推动的，也是我陪着时任区长去的，2016 年我们就开始了（行政应诉的探索）。出庭效果还可以，因为现在的领导法律意识确实增强了。但是首长出庭制度设计也是有问题的，像我们这种一年 100 多个案件，怎么可能区长每次都出庭？而且相当部分的案件质量不高，都是些信息公开的案件，信息公开成了第二条信访途径。

不过通过我们出庭应诉，能够和当事人很好地面对面沟通。有些当事人挺有意思，他就是想见见领导；平时见不到，那开庭的时候总能见到领导吧。他其实就想和领导说句话，听听领导的意见，把道理讲明白后，矛盾也就化解了。

通过出庭还可以听听法院对我们政府工作的一些意见和建议，改进我们的工作。所以法治政府不是我们主动想，而是司法机关倒逼你做好，就像是被定好的闹钟，一遍遍地提醒和催促，按时按量完成任务。

第四个工作就是执法监督。

《广东省执法监督条例》是一部很好的条例，它赋予法制机构进行执法监督的权利。能进入复议程序的，我们可以复议；通过法定途径，老百姓还可以起诉。但如果有一些超过了期限或者有其他原因不能复议或者起诉的，就把它纳入执法监督渠道，这两种渠道都是法定渠道。像我们区（佛山禅城区），一年执法监督大约立两个案件，因为执法监督往往是一些反复纠缠的案件。我举个例子，2003年非典的时候，有两户人家住的都是别墅区，有一户养鸡，那时候都说禽流感传染非典，邻居让对方把鸡杀了，对方不同意，两家就此结下了"梁子"；后来两家就互相举报，一会这家举报那家违法建设，建了堵墙，一会那家说这家的花和树种植越界超过了范围，两家一直这样不断纠缠，后来两家很成功地把矛盾"转嫁"给政府，告城市执法部门不作为。这就可以用到执法监督这种争议解决方式，我们出过执法监督决定书，我也去过执法监督的现场，通过做工作配合，慢慢把有些矛盾化解掉，效果总体上还可以。

第五个工作是政府重大法律事务。

政府重大法律事务主要是政府的合同审查。这是各级政府领导的政绩所在，比如引进了大项目大企业落户，是考评领导政绩的主要方面，领导要得到提拔和重用，必须要有这些东西，所以很受领导重视。政府合同涉及的利益巨大，很容易出现违法的情况，这时候就需要进行合法性审查。领导也希望有人给把关。我们做合法性审查的时候，主要抓住几个环节：第一个是专家论证，我们要看专家论证结果，不过现在有些专家也不太讲规矩，收了钱以后乱说话。所以我们往往有些大项目要请两家来做，这样增强专家的公信力；第二个是风险评估，做好项目的风险预测，不可能所有项目都是成功的，所以评估时要分析它的成功率，风险必须可控；第三个就是公众参与，有时候有些项目需适时地放出风来，听听老百姓的意见。（提问插话：现在大家对公众参与，觉得都是在走过场，因为政府早就有决定了，所以现在大家都不怎么积极？）当然不是这样。我举个例子，某地区的征收拆迁，我是参与过的，就因为老百姓积极参与表达诉求，最终我们改变了征收拆迁范围。我觉得，有时尽管作用不大，但你只要表达了，总会有收获，进一寸有一寸的欢喜。我刚才讲到，我们所有的红头文件、所有的重大决策都挂到网上，下面有个信箱和电话，就是为了便于老百姓来投诉，倾听老百姓的意见，当然我们更希望老百姓实名来投诉。

我有两句话在业内流传甚广，叫"敢于说不，善于说行"。敢于说不，就是你看到这个事触犯了底线，要坚决地说不；善于说行，就是当领导问你这个事行不行的时候，你也别简单地说行或者不行，你要根据《民法典》第多少多少条，有法有据；你要告诉他合同是什么样的，这是个什么合同，让他觉得你很专业，这就是善于说行。

目前的政府法律事务审查确实是个难点，好像也没有法律依据，基本上就是依据《中华人民共和国合同法》与《中华人民共和国行政诉讼法》，没有一套很完善的审查制度。还有一点就是，好多行政机关往往喜欢对方起草合同，因为起草合同需要花钱。为了省这点钱，丝毫没有考虑过对方起草的合同怎么会倾向于你呢？所以我主导由我们来起草合同，是合同的甲方，这是你作为甲方的权利。

第六个工作就是作为一个区政府层面的法制办，它要指导下属各镇街以及部门的法制机构的工作。

总之，法制办的主要工作内容就是红头文件、执法监督、行政复议、应诉、重大法律事务，还有指导各个行政机关的法律咨询和服务等，这就是我们的"基本盘"。

问：在法制办作为政府的律师，与现在作律师相比，最大的不同在哪里？

答：政府的律师，是全心全意为政府服务的，政府出钱来购买其服务，要求具备法律专业素养。政府律师和社会律师比，不同点在于：第一个其知识更全面，因为社会律师是有生存压力的，哪个业务挣钱就去做哪一个，而政府律师能够坐下来对某个行业进行深耕，这是不同的。第二个政府律师大多是党员，并且都是公务员，服务于民众的意识很强，在这方面我们叫"三服务"：上服务领导，下服务行政机关，对外服务群众。由此可见，这种三服务意识比社会律师强。社会律师往往会写个牌子咨询收费。原来我在政府工作不用谈钱，而且要避免与钱打交道，因为那是违法的。而现在我肯定要谈价格，不可能不谈钱，而且有时收费还很高。第三个我原来工作很规律，每天按部就班,现在是客户叫我干什么我就得跑去干。最大的不同是感觉到服务的对象不同。原来我是专门服务于政府替政府说话,现在是服务于顾客。不过通过做社会律师,能够直观了解老百姓的需求和怨气,可以通过诉讼、复议的方式把它化解了,这是我感觉最欣慰的。

问:现在的主要工作是什么?转换跑道后的生活与当初预想的有出入吗?

答:我现在的主要工作就是行政复议和行政诉讼,转出来一年了,大约做成了10个案件,主要每天研究行政复议法、行政诉讼法,还有行政诉讼法的司法解释,可以说每一个法条我都能讲半个小时,包括法律的出处、法律的案例等。

关于转换跑道,第一个感受是没有想象得那么难。原来刚想出来的时候,因为在体制内待了25年:当法官当了12年,在政府内待了13年,很多领导担心我出来后没饭吃。因为原来是圈养动物,一下子出来成了野生动物,确实是不容易的。能有口饭吃,我已经很满足了。第二个也没有想象得那么容易。现在好多人从体制内出来想挣大钱,很多人问我赚多少钱了?赚钱绝对不是我的终极目标。因为现在律师的黄金期实际上过去了,而且像我这种主要以研究法律为主、顺带做点律师业务的人,想赚点钱不容易,特别是年龄大了又丢不下尊严,小案子又不接,所以跟在体制内时预想的完全不一样。

原来在体制内,我每天的工作都是固定的,而且每天每个人见到你都是笑脸相迎,因为他要么有求于你,要么他在恭维你。而现在见到人生百态,大约谈10个案件,只能成1个,也就是10%的成功率。我咨询从来不收钱的,为什么要收钱呢?老百姓有个问题你帮一下多好,这就跟去看医生没有说要先收费的道理一样,我是常年以医生来比喻自己,因为我们都是以希波克拉底宣言为职业目标,但愿世间人无病,何惜架上药生尘。就得有这种格局,宁愿我们不打一个官司,也帮助一下别人,是不是?

我最近做了一个事,一个客户找我,她在楼底下拔草的时候,有人从三楼扔下去一盆花,好在没有伤到她。客户非常生气,这自然可以报警,报警就是高空抛物罪,就面临着一年以下的拘役,那这个人就毁了。所以我就和客户协商,叫对方赔礼道歉,那就免了一个罪名,这样和谐处理多么好。包括喝酒的时候,我天天给别人讲,酒后不能开车,就是通过这些方式我们可以起到一些法制宣传和法制教育的作用。我这一年做了十几个案例，除了有一个二审接过来的刑事案件被判维持原判——不过我认为这个案子应该是不对的，我正在做申诉——其他案子都成功了。这才是法律人最自豪的地方，因为你的才能得到了体现。

可以说，出来以后的那种成就感，是在体制内体会不到的，因为你在体制内已经达到了你人生的高峰。出来以后，转换跑道，你会看到路边有不同的风景，当然你不能因为路边的花好就忘记了赶路。所以我的目标很坚定，为了实现这个目标而努力奋斗，我自己的目标就是要做几个案例，上《最高法院公报》。我一直没有上过《最高法院公报》，而我认为，一个法律人能够有案例上《最高法院公报》是成功的标志，为了这个目标我在努力奋斗。你得有理想、有路径，而不是单纯地为了挣点钱。

问：关于地方政府依法办事，从政府内部角度和律师外部角度看，是否不同？

答：第一个不同是，地方政府依法办事的情形，从政府内部和律师外部看可谓"远近高低各不同"。我讲一个例子，《中华人民共和国行政处罚法》第七十五条很重要，这一条设定了行政机关自动主动纠错的机制。党的十八届四中全会提出，全面推进依法治国。依法治国对政府起到了一些好的作用，但主动做事、自觉纠错的意愿却变弱了。以前我们说，要"以事实为根据，以法律为准绳"，而对行政机关来说，现在是"以事实为根据，以法院为准绳"。因为都想等法院判决，所以有些案件明明是错了，他（不纠错）告诉你去打官司。1991年我国行政诉讼法刚出台的时候，有部电影叫《秋菊打官司》，讲的是巩俐演的秋菊挺着大肚子，向踢伤丈夫的村长讨说法，不屈不挠逐级上告的故事。好了，到了30年以后的今天，领导说你去告我吧，法院判我怎么样我就怎么样。所以现在的政府纠错的意愿和主动性都不高，都想推给法院，然后自己不承担责任。法院一审二审要两三年，过了两三年一审二审完了，领导也调走了，这种做法对我们的国家法治造成很大的影响。从现在来看，对一些明显的违法行为改正力度不够。相当一部分法院还和稀泥，不敢坚持原则。我认为，好的案件第一个要有信仰法治的当事人。一个惹上税务官司的老板和我说，他说这个官司我就信任你；我说行政税务官司不好打；他说如果打输了，我就直接把这个厂子关闭。你看这是一种什么样的情怀啊？第二个要有好的律师，像我们这样，把专业做到极致。

第三个要有好的法官检察官，我这几年看到有些地方的法官确实是很好，你能明显感觉到他们很尊重你的专业意见。

第二个不同是，我觉得我是法律人，我们要按法律途径（办事），这些感受在内外是不一样的。内外有别，我们在体制内看到，很多案子法院传票来了以后，我感觉这个案子法院没有道理立案，但我现在出来做律师，发现要立上一个行政案件其实很难。我举个例子，有人说某地交通局不让共享电动自行车在当地上市，我打算向当地市政府问政，这样做对不对。先给当地司法局写了信，要求对交通局关于电动自行车不准上市的通知进行合法性审查。司法局给我的回复是这个不是规范性文件，是具体行政行为，这个说法其实也有道理，但后来司法局发生了错误。司法局说：如果不服本通知，可以向省司法厅或者当地市政府申请复议。我就向市政府申请复议，结果不受理。好了，市政府承办单位是市司法局，（结果）不受理，是你（市司法局）叫我可以复议的，你为什么不受理？不得已，我就去当地中院起诉（市司法局）。中院说你这种案子应该去某某区法院，因为我们集中管辖了；我说这个案子是告市人民政府不复议不受理，一审当然是中院了；接下来不给立案，说我里面有个错别字；我就跟他说，我知道你年底有个结案率，毕竟我自己也当过13年法官，你过了元旦就给我立；他说就这样；后来这个案子就立成了。这些方式是我们来促进法治政府的重要方式。你不要光在网上炒作，我很不喜欢信访，通过这种法治途径，能够用法律解决的，我们就在法律框架内解决。我相信这个方式能督促当地政府依法行政，政府当了被告，可能要输，肯定得和政府主要领导汇报说这个事不行，我们就把这个事促成了。还有一个某地公务员8小时工作之外也不准喝酒的规定，我提起了党内规范性文件备案审查，就是要审查党委文件。当地市委给我专门回函，说这个文件有特殊之处，因为他们地方喝酒成风，我表示理解，但是这种方式是不对的。所以我们通过这些（方式）来促进党委、政府的法治化。

第三个不同是，原来在体制内我能服务的只有所在的区政府，而我现在服务于珠三角地区甚至全国，前段时间，我去陕北连续讲了7堂课，传授南方的法律理念，所以我现在服务的范围更大了。

第四个不同是，我原来做的工作是被动的，是人家来找我，而现在我遇到一些好案子，就会主动去找对方，可以免费写个代理词什么的，我很喜欢这些有意思的案件。通过这些方式，转换了场域，转换了思维，因为我有公务员的理念，有多年的法律基础，另一方面我又有好的案例，我相信我们可以一起推动中国的法治建设。人生就是这样，不能说我有多大本事，把哪个案件办成无罪，而是我努力在做。每一步，我都感觉到进步的力量。念念不忘必有回响，我们对法治政府建设念念不忘，相信法治政府、法治国家、法治社会的三位一体建设一定会实现的。

问：地方政府对社会治理和社会治理的法治化起到了什么作用？

答：我们讲地方政府执行了80%的法律、90%的地方性法规和100%的行政法规。我们的法律、地方性法规和行政法规在基层实施，特别是行政处罚法施行以后，第二十三条规定其交由镇街实施，90%的案件量又在基层。我指的这个基层就是县级以下政府，老百姓接触最多的是县级政府。而一般像咱们学法律的人认为，案件都在法院、公安、检察机关，实际上一个法官真正懂的法律也许就二三十部，而我们政府现有法律282部、行政法规680部，我们都要掌握。像我基本上每部法律差不多知道有多少条，我有时候下去检查，当场就能说出哪些法律法条适用错误。

地方政府和老百姓接触最密切，但是地方政府的领导对法律不熟悉，地方领导基本都是从基层干起来的，哪有专业的法律素养？所以在地方政府的法治方面，老百姓对法治的强烈诉求与领导干部所能提供的法律供给极不相称。我给你讲个例子，某县有个政法委副书记，晚上喝了点酒以后，领导给他说某个楼盘在闹事，让他去协调一下。开发商带着外地的律师，跟他（政法委副书记）说这条法律是这样规定的，那条法律是那样规定的；他一生气拿杯水就泼到人家脸上了。泼完他就后悔了，当场就给律师道歉了，说对不起；那律师也没理他，直接就到律协投诉了。我们律师怎么能被人泼水呢？后来他被行政拘留并罚款，然后调离政法委，为工作而被处分真是让人既心痛又惋惜，所以我们要形成法治思维和法治理念。我们经常讲办事依法、遇事找法、化解矛盾靠法、解决问题用法，你不能光在口头上讲，你要转化到思维上。所以现在老百姓特别是像我们这些专职做行政业务的律师，不鼓励上访，就给政府写函，要求政府履职，我们现在都把信访件改成履职书（要求）履职，政府要是不处理，两个月以后我们就告政府行政不作为。

领导本身法律基础不足，而现在老百姓对法律的需求太高了。现在每天打开电视就有法制节目，老百姓能接触一流的专家、学者和律师。这种情况下对地方政府官员就会形成问责的压力，动不动老百姓说我去告你，你不听我就告你，所以地方政府的法治化面临着严重问题，需求很迫切，供给严重不足，供和需的矛盾严重分化。法律是一门科学，需要不断学习和训练才能掌握。目前许多公务员的法律学习不足，没有抓紧时间培养法律素养。我们政府的法治理念还不够，法治思维还没有完全建立起来。

地方社会治理的法治化，对地方政府确实起到重大作用。现在领导遇到事情会先问问法律顾问的意见。可惜问题又来了，我们的法律顾问不行。因为大多数律师是"万金油"律师，而领导问的问题都是些疑难杂症，法律顾问提供不了这种服务。现在普法的程度也和领导的要求不相适应。现在通过行政复议、行政诉讼、执法监督，对地方政府的依法行政提出了更高的要求。领导想问题的时候就想，人家会不会告我？这个案子会不会败诉？他得考虑。

随着法治化的推进，领导往往会讲，我们做任何事情，都要找法律依据，这又面临一些问题。比如，某地律协说要减免女律师怀孕这一年的会费，给每人减免了600块钱。好多人就说要找找减免的依据。我说收费你要法律依据，减免不收费还要法律依据吗？这是权益的赋予和增加，还要有依据吗？可惜很多领导不理解这一点，总让你找找依据，所以给领导这个"关键少数"普法，这一点很重要。

整体来讲，这几年社会治理和社会能力的体系化、现代化和法制化，让大多数官员已经形成了一种思维，那就是法治思维，"老子天下第一"的观念已经不存在了。遇到问题时，大多数官员首先会想，这个问题要问问法律顾问、问问律师。

问：对于社会治理或者基层治理的法治化，当前最大的问题是？

答：第一，地方政府官员如果要找到法律依据才能做事，就像前面提到的，他可能就没有了干事的动力，觉得法律束手束脚。我经常讲，真正的法律就像阳光一样，对我们的保护无处不在。法网恢恢疏而不漏，你做坏事当然是法网恢恢了，但是对一个好人来说，法律是时刻在保护你。好的法律是鼓励你行善，鼓励真善美的，鼓励你积极向上的，这是一些正能量的东西。所以我每次给政府官员讲，我说你要做好事，如果你做好事被别人告了，我来免费帮助你。我们好多领导干部没学过法律，他认为法律就是规定这不行那不行的。我说错了，法律是规定你这也行那也行，但触犯底线的事不行。是不是？现在最大的问题是，官员的法律意识还停留在法律就是法条，只知道法律束缚他，让他办不成事情。他不懂正是有了法律他才能干得成事，才能安安稳稳地干事。法律是治国理政的根本路径，治国理政的基本方式就是法治。法治是文明国家的普遍选择。博登海默说，"法律是人类最伟大的发明。别的发明使人类学会了驾驭自然，而法律使人类学会了如何驾驭自己"。法律是人来协调人，是人和人之间的关系的调整。人和人之间（做到关系协调）有多难？很多领导所谓的讲法治还是停留在法条上。领导的法律思维认为法治就是治别人的，而我们讲的法治是规范公权力，保障私权利，保障法无禁止即自由。如果法无明文规定，对行政机关来说不能作为。问题就是这几点，第一个是官员思维僵化，第二个官员对法律的理解错误，第三个官员把法治想成是治别人的办法。

第二，像我们南方发展到现在这种程度了，足以让权力逐步退出，让市场发挥作用。我原来觉得领导很英明，为什么？许多领导都有博士学位。他们第一时间阅读内参，大量的信息我们掌握不了，所以每次我都很崇拜地听领导讲话，讲个什么新鲜词语，我们感觉很厉害。但我辞职出来以后突然发现，市场远比领导高明，因为只要有营利的空间，人家就来了，人家就占领了先机，这就是市场的作用。所以我想，要把权力限缩到市场调整不到的地方，政府主要是提供公共服务的（载体）。

第三，领导要正确对待老百姓的事情。就好比起诉、信访，老百姓为什么来找你麻烦，因为老百姓信任你，认为你是人民的父母官。他是纳税人，（人民政府的官员）花着纳税人的钱，就是要为人民提供服务的，而很多官员认为老百姓来是找麻烦的，这是我和大多数官员观点不同的地方。

第四，社会进步不是老天爷恩赐给我们的，是靠我们这些人天天在努力，遇到什么问题，把自己当成社会的一分子。我自己经常遇到红绿灯坏了，就打个电话给有关部门反映，因为我是市民一分子；看到路上的水管爆了，我打好多个电话，这个人说是那个部门管，那个部门说是这个部门管，我不厌其烦地找。有人问，这和我有什么关系？当然和我有关，因为我是这个城市的市民。我努力追求的就是一个不求人的社会。如果办事靠刷脸靠熟人，有什么意思呢？

原因就在这几点，第一个是官员思维僵化，第二个是官员对法律的理解错误，第三个是官员把法治想成了一个治别人的办法。主要问题还是官员的问题，政府法治建设还得靠（不断提高）官员的法治化水平和能力，这在目前差距还很大。

问：在社会治理上，地方有没有形成一些比较特别的办事方法或者制度？

答：我举个例子。去很多政府机关，第一要登记身份证，第二找谁非要先打电话。我是很烦的，包括我自己在主政一个部门的时候，我就和他们说，我的办公室随时开着，谁来找我你叫他进来，不用登记。我认为人民的政府人民要进来，哪怕骂你一顿，那是我做了对不起他的事。再比如，现在包括疫情期间我去什么地方，别人要我登记，我就说登记没问题，但这些都是重要的个人信息，你不要泄露；令人伤心的是，我们的大量信息都在流转，最后被卖给那些收破烂的。我们的官员、我们的政府有没有考虑过你的权力边界在哪里？你掌握了这么多的信息，这是多么可怕的事？我当局长的时候就告诉他们，我说你们不要过度收集信息，这很可怕。我认为现在有一些办事方法和制度很有问题，频繁地填表，就是在为难你。手机上填一遍，然后还要填表。我就说他，他说这是我们上面规定的。我实在想不通，我们现在有些制度成了不让你干成事的制度。你说这个制度合理吗？包括我当局长的时候，我们去外地学习，要坐10个小时的高铁，我说你们都给我坐飞机，他说不行不能报销；我说你上网截个图，高铁是850元，飞机票是650元，我来批一下，因为飞机票比高铁票便宜，可以坐飞机去，变通性地使用制度。现在我们讲有章办事，有人理事，有制度约束，事情是对的，但好多人已经把制度当作不干事的借口。

还有就是制度的层层加码。这种现象层出不穷又令人反感，浪费时间。我这么多年开会，我定的第一个会的时间一般在8：45~9：30，因为大家吃了饭就来开会。如果前面发言的人时间长了，会议到9：30我就不讲了，如果给我留下5分钟，我就讲5分钟，就这么简单，当时我是一把手，这种制度的层层加码在我这里从来不存在。

还有，我出文件必须要有依据，而且怎么方便老百姓就怎么来，比如口头合同都是合同，你为什么非要书面合同？还有，我是最早实行承诺制的。老百姓过来（办事），工作人员要审核人家身份证原件，我说你管这东西干吗，你看这个身份证原件复印件（就可以了），老百姓自作承诺就行了，你要相信大多数老百姓是诚实的，是不是？所以我们讲现在制度设计是对的，但过度依赖于制度，制度是死的，是不是？这就是我们在保持制度的刚性的前提上，一定要掌握灵活性。要灵活运用制度，一个盲人你叫他填写个表格、一个植物人你还叫他去现场做鉴定，你这不是制度的问题吗？是不是？所以这些已经成了一个严重的问题。

问：对于今天的访谈主题，是否还有补充？

答：我觉得咱们的地方法制进步还是很大的。

在政府层面，从原来的领导说"老子不懂法"，到现在领导上来就问律师什么意见，问法制办什么意见，问司法局长什么想法。这个进步在中国不得了。领导开始选择法律，开始信仰法律，这难道不是法治的进步吗？你想想这么多年法律就是这样，以润物细无声的方式慢慢发展、完善，大家对法治开始重视了，真难得啊。通过这么多年的不懈努力，大家形成了一个共识，法治是治国理政的基本方式。在观念上达成了依法治国的共识，对法律的重视也在不断上升。现在，法治成了政府的首要选择。从原来的领导随意批个条子，过问个别案件，到现在领导知道了过问案件要被记录，知道了权力不能滥用，在行使的时候就会变得谨慎。原来领导经常让法院院长来汇报一下工作，现在领导说我们开会要邀请法院参加，这就是转变。这种情况下，你看到政府的法治意识是明显增强的，这种增强是社会的福音，是老百姓的福祉。

在基层方面，我觉得老百姓已经开始相信法治了，并且慢慢感受到法治的成果。遇到事情，首先是通过法律途径解决，而不是一味闹事。尤其在广东，百姓发生了纠纷第一时间是找律师，这已经像我们看病找医生一样自然了。这是很好的趋势，我们作为法律人，不要总是给老百姓讲道理，讲什么高深的法学理论，我们讲的是法治的地方化，我们要用老百姓喜闻乐见的方式，寓教于乐的普法思维，让老百姓了解法治，让老百姓享受法治的成果，感受到法治的快乐。

我们这几十年有大量的行政诉讼的案例，政府对法治的需求越来越多，在这种情况下，政府的现代化首先是政府的法治化，法治是最好的营商环境。法治是固根本、稳预期、得长远的制度安排、制度保障和制度设计，这些都在地方政府体现得非常明显。大家看到这30年从地方来讲是经济突飞猛进的30年，也是我们法治在突飞猛进的30年。我们看到了人民群众的法律意愿越来越强，政府的法治化水平逐渐提高，大批的研究生、博士生进了政府，有些还进了领导层，这会让领导层形成一种庞大的法治的力量。这种力量如巨浪般不断地增长。地方政府要领跑,地方政府的领跑主要靠什么?靠标准的领跑。我现在认为我们的法治大约在 2.0~3.0 版本之间,大概就是 2.5 版本:虽然地方政府有强烈的愿望走法治化的道路,但是地方政府的法治化还处在低端的运行轨道。从科学立法这个角度,咱们讲四个阶段,科学立法、严格执法、公正司法、全民守法。那么现在看这四个阶段都处在 2.0 版本往上走的阶段,但到 3.0 版本很难,为什么呢?我们现在处在法学的供给达不到的阶段,我们没有解决老百姓关心的一些问题。

我们的学者以及法律实践者都要提供更多的法律供给,让老百姓享受充足的法律产品。老百姓不关心什么叫法治,什么叫科学立法、民主立法、依法立法,老百姓是享受法律的,我们就要保障他的法律需求,让他能够很快乐地享受法律。而法律只提供了一个低版本,更多的要靠自觉,遇到泼皮牛二那种不论理的就完了。现在的法律还是一个奢侈品,很贵,大多数老百姓是不敢享受的。我们就要提供充足的、廉价的法律供给,让大家快乐地享受法律,就像我经常讲的,让老百姓享受法律,在享受法律的过程中感受到法律的快乐,最终得到法治的恩赐和庇护,老百姓感觉到有收获,才能相信法律。

央地立法审查的应然视阈

甘雯

【内容摘要】 2015年修订施行的《中华人民共和国立法法》赋予了设区的市一定范围的立法权,这是中央立法权限的又一次下放。赋予地方一定的立法权,能够更精准地解决地方问题,但由于地方立法经验有限,立法技术不够成熟,需要中央对地方的立法进行审查。现行法律中对立法审查的规定还不够完善,中央的审查主体地位未得到重视,也缺乏与立法审查相配套的法律法规,导致审查滞后、流于表面。作为《中华人民共和国宪法》规定享有国家立法权的全国人民代表大会及其常委会应当代表中央对地方立法进行审查。中央的审查不是一种随意干涉,而是以更权威的力量帮助地方更好地进行立法活动,改变目前立法审查的相关规定不足、工作力度不够的状态。

【关键词】 地方立法　立法审查　全国人大　中央

2015年修正施行的《中华人民共和国立法法》(以下简称《立法法》)颁布之后,学界将大量目光放在地方的立法权限上,主要围绕地方立法的内容和程序进行了讨论,对中央在地方立法中角色的研究相对薄弱。地方人大作为地方性法规的制定主体,仅对其提出立法要求显然无法使立法质量得到提高,运动员不能同时担任裁判员,需要一个高层级的机关对地方立法工作加以监督审查。因此,中央对地方立法的审查是值得研究的内容,应当对中央审查的必要性和应然性进行讨论,找到央地各方在立法审查中的最佳安排方式。

一、立法审查概述

立法事权一般有两种模式:代理型和合作型。① 代理型立法采取的是行

---

① 封丽霞:《中央与地方立法事权划分的理念、标准与中国实践——兼析我国央地立法事权法治化的基本思路》,载《政治与法律》2017年第6期。

政分工方式，这种模式下，地方的立法事项都必须遵循中央指令，地方缺乏自主权，中央对地方立法拥有最终审查权与裁决权。中央的放权仍是为了实现对地方的控制，地方是作为中央的代理机构进行管理，并没有完整的立法权。这一模式弱化了地方的自主性，不符合我国的立法趋势；合作型立法采取的是法定分权方式，在此模式下，地方和中央是合作关系，中央不得任意干涉地方立法权，当然地方也不能随意僭行中央立法权。这种模式将地方与中央的立法权相互独立并置，亦不符合我国立法现状。[1] 现实中，我国关于立法事权的划分更像是两种模式的结合体，即中央在地方制定地方性法规以更好治理当地事务时，给予其充分的支持，但对其立法权又有所限定，并非完全放权。

（一）央地立法权分配

我国立法权经历了一个从中央集权到逐步向地方放权的过程。1954年中国第一部宪法规定了全国人民代表大会是国家唯一的立法机关，立法权限一直高度集中于中央。之后，省级人大及政府拥有了在一定范围内制定地方性法规及地方政府规章的权力，直到2015年《立法法》修订后，所有设区的市获得了一定的立法权，这意味着立法权进一步"下放"。《立法法》第二、三章对全国人大及国务院的立法权限作了详细规定，有关基本制度及人身权与财产权的刑罚和税收制度的立法由中央保留。《立法法》授权给地方的立法范围仅限于城乡建设管理、环境保护与历史文化保护等三类事项。地方性法规与地方政府规章的质量也在一定程度上影响着我国法律体系的发展水平，且这一立法权来自中央授权，中央有必要对下放的权力跟进审查。因此立法权的集中和下放都须遵循一定的原则，确立明确的央地权力界限。地方的立法权限是辅助性的、适应地方特点的，而中央的立法必须是主导性、普适性的，地方的立法实践不能脱离这一原则。[2] 也就是说，虽然立法权限下放力度不断增加，但是仍应始终保持中央在立法方面的权威地位，该权威并不意味着中央可以肆意干涉地方立法权，而是控制整个立法活动，从而保证法律体系的质量。立法权下放的同时也保留了立法审查的有关规定，例如

---

[1] 封丽霞：《中央与地方立法事权划分的理念、标准与中国实践——兼析我国央地立法事权法治化的基本思路》，载《政治与法律》2017年第6期。

[2] 邱实：《中央与地方关系变迁的学理分析：基于治理权限"集中"与"下放"的视角》，载《兰州学刊》2020年第7期。

《立法法》中规定，省级人大常委会对报送的地方性法规有进行合法性审查的权力，此合法性审查可以避免地方立法与上位法出现冲突，减少立法成本，维护上位法权威。

（二）立法审查的内涵

1. 概念

立法审查顾名思义就是对立法行为及立法成果的审视检查。学界在理论论述时常用"立法监督"代替"立法审查"，将审查具体化为备案审查、合法性审查等并将其纳入监督体系。为了与专门监督机关的职能相区别，此处采用了"审查"一词。中央对地方的立法审查可以分别从横向与纵向进行划分：在横向上，立法审查包括对立法程序的监督审查、对立法文件的备案审查；纵向上概括为对立法的合法性审查、民主性审查以及科学性审查。

2. 性质

根据我国宪法规定，全国人民代表大会及其常委会享有监督权、立法权、人事任免权等，对地方立法的审查应当属于全国人大及其常委会的立法权范围。全国人大及其常委会的监督权主要体现为对宪法和法律实施的监督，体现的是中央在履行其作为上级的职能，指向性和专门性不强。而地方的立法权本就是从中央权力中划分出来的，本质上属于中央立法权，因此中央对地方立法的审查活动可以视为行使自身权力。对于地方政府规章的审查，《中共中央关于深化党和国家机构改革的决定》《深化党和国家机构改革方案》和《国务院机构改革方案》等文件中有相关直接规定，司法部作为中央政府的法律业务方面的专门工作部门，负责地方性法规、规章的备案审查及清理工作。[①]

二、立法审查的应然分析

法律领域也接受"应然"与"实然"的区分，这对范畴在制度分析时有其重要意义。应然对应的是一种理想状态，可以为某一制度的存在提供前提基础；而实然对应的是现实情境，是对制度是否存在或是否得以应用的客

---

① 中华人民共和国司法部官网：http://www.moj.gov.cn/jgsz/jgszjgzn/

观描述。中央对地方的立法审查在实然方面存在诸多不足，应当先从应然层面分析立法审查的理想模式。

（一）具有宪法的授权

1. 单一制国家组织结构形式的逻辑要求

我国现行宪法在第三条第四款中提出"中央的统一领导"，并在第一百条中给予了地方制定地方性法规的权力，但需遵循"在不同宪法、法律、行政法规相抵触的前提下"这一标准。可见，我国作为典型的单一制国家，地方职权的行使以及央地关系的处理都以"在中央的统一领导下"为基本原则，其中就包括了地方立法权的行使。语言文字作为法律的表现形式，难以涵盖方方面面的情形，如哈特理论所阐述的那样，他认为语词的意义难以被僵化地定义，也没有绝对普遍化的语词，语言本身就具有开放性，如果要以某一人之言作为标准，则应当遵循其本人所下的定义。故在法律文本的对照和适用中，其制定者才最能掌握立法目的和条文含义，因此在以宪法、法律、行政法规为底线的前提要求下，由中央对地方立法进行审查是必要之举、效率之举。

同时中央与地方的立法权又具有高度同一性。无论是中央还是地方，立法权皆由人民代表大会代表人民行使，可见中央和地方在人大制度框架中具有天然的利益同源性。[①] 中央和地方的立法代表的都是人民的利益，按照"为人民服务"的宗旨，二者之间没有实质性的立法权力划分，也不存在实质性的利益冲突，由中央进行监管更有利于保障人民的基本权利。因此在单一制的组织结构形式下，在利益方向一致的情形下，中央拥有对地方立法权行使进行监管的权力，这是宪法所授予中央的职能。在将立法权分配给地方的同时，必须对其有所限制，必须将其置于中央的统一领导下，这是体制的必然形态，有利于防止地方对权力的滥用或随意让渡，也能有效防止地方立法时肆意妄为。[②]

2. 全国人民代表大会的法律地位

无论是 1954 年我国第一部宪法中规定的"全国人民代表大会是行使国

[①] 郑毅：《论宪法上的"中央的统一领导"》，载《法学家》2021 年第 2 期。
[②] 梁西圣：《地方立法权扩容的"张弛有度"——寻找中央与地方立法权的黄金分割点》，载《哈尔滨工业大学学报》（社会科学版）2018 年第 20 期。

家立法权的唯一机关",还是现行宪法中"全国人民代表大会和全国人民代表大会常务委员会行使国家立法权",在立法权不断下放的趋势下,全国人民代表大会仍保持着其立法权主体地位。由全国人大进行审查,更有利于使问题得到重视和落实整改。例如在中国人大网公布的 26 份全国人大常委会的数份执法检查报告中显示,全国人大常委会委员长或副委员长亲自审定方案、实施检查以及亲自作会议报告,这一体制机制的力量有效推动了执法检查的顺利开展和整改。① 依靠中央的权威对地方立法进行审查比上级的审查更容易引起重视,更能高效处理存在的问题。

我国的政治制度决定了全国人大及其常委会是地方性法规合宪性审查的主体。这也体现在全国人大法律委员会更名为宪法和法律委员会,为其增加了合宪性审查的职责。因此,基于我国宪法和法律给予了全国人大及其常委会国家立法主体即合宪性审查主体的地位,中央对地方性法规的审查有其制度和政策支撑。

(二) 完善法治体系的必要

1. 保障三位一体有效运作的需要

法治体系的完善不仅需要完备的法律法规,还需要法律的良好实施,立法、司法、执法三位一体才是法治体系的有效运转。为此,就须在立法时提高效率,立法效率的提高需要接受多方面的监督。除了由人民对草案提出建议意见外,还需要专门的机构对立法活动进行审查。人大在审查时本着民主性、科学性的标准严格把关、统筹安排。② 加强中央对地方立法的审查,不仅可以在立法层面多一道检验程序,还能提高执法和司法的效率。以文明养狗的有关地方性法规为例,北京、上海、广州等城市都出台了养犬管理规定,济南市更是创造性地提出"养犬积分制",西安市则规定三次遛狗不拴绳就会被列入"黑名单"等。然而这些规定往往成为一纸空文,狗主人常常无视管理规定。③ 立法不能对人们的觉悟抱以过高期待,这些规定没有得到切实实施,主要原因在于地方法规存在不足。比如规定中未提出惩罚手段或

---

① 郑文睿:《立法后评估的体系化思考:解构与重构》,载《江汉论坛》2019 年第 8 期。
② 封丽霞:《人大主导立法之辨析》,载《中共中央党校学报》2017 年第 21 期。
③ 法制日报:《养犬地方规定难落实执法部门不统一 需全国性立法》,载新华网客户端,2018 年 8 月 21 日。https://baijiahao.baidu.com/s?id=1609385965006425007&wfr=spider&for=pc。

者惩罚力度薄弱，有的规定与其说是法规，不如说是一种倡议。

上述养狗规定的实践也表明中央立法审查之必要性。首先，如果在地方出台法规时，经过立法审查，或许能够发现法规中罚则不明的漏洞，使得发生恶狗伤人事件时，法官能够有相关依据判令狗主人为受害者支付更高的赔偿，也能够以沉重的代价警示更多的养狗人士；其次，中央审查通过的地方性法规，也更具权威性，更能得到民众的认可，使得该法规更易得到落实；更重要的是，地方制定的法规是和人们生活最为贴近、最为常见的，在整个法治体系建设中数量占比是最多的。欲促进立法质量之提高，必须重视对地方立法的审查。

2. 防止法治碎片化，维护国家法治统一的需要

2015年新修订的《立法法》将地方立法权由过去49个较大的市扩增到所有284个设区的市、30个自治州和4个不设区的地级市，地方立法权短时间内扩容严重冲击了中国法制的统一性，并带来了法治碎片化以及使得地方保护主义增强。[①] 将立法权不断下放到地方，是为了能够因地制宜地解决地方问题，促进地方发展。但权力天生带有扩张性和侵略性，如果放任地方随意制定地方性法规，将造成地方保护主义的悄然运作，地方立法权成为地方脱离法制统一的武器，甚至成为个人挑战法制的武器；放任地方立法权除了易导致主观放纵，也容易破坏法律的整体性。例如，根据《立法法》第七十二条第二款的规定，设区的市在固定领域内的立法只需报请省、自治区的人大常委会批准，各市只能在本省内追求协调。全国各个地区间存在较大差距，不少法律制度之间难以衔接，不仅在司法上导致同案不同判，并且基础问题上的标准不一还会加大法律实践的成本，造成资源浪费。由中央统一对备案法规进行审查，能兼顾全国状况，也能及时掌握一些可能造成全国性影响的地方性问题，最大限度地追求法制统一，可以保证既发挥地方积极性又不脱离中央监管。

三、立法审查实践中存在的问题

地方立法的数量和速度不断提升，超过了全国人大甚至省级政府，因而

---

① 梁西圣：《地方立法权扩容的"张弛有度"——寻找中央与地方立法权的黄金分割点》，载《哈尔滨工业大学学报》（社会科学版）2018年第20期。

省级人大常委会对地方性法规审查的工作量大量增加，央地立法权限方面的问题不断暴露，全国人大及其常委会与中央人民政府在立法审查工作方面的不足日益显著。立法审查的主体、范围、标准以及后果都不明晰，审查通常流于形式、严重滞后，关注点也过于单一。

（一）审查流于形式

1. 中央缺少主动审查的规定

《立法法》对于中央审查的规定很少，对省级人大有所规定，对全国人大的要求除了备案审查制度外，还见于被动审查。《立法法》第九十九条规定，部分主体认为地方性法规同宪法或法律相抵触的，可以向全国人大常委会提出审查要求或建议，有关的工作机构可以对报送备案的规范性文件进行主动审查；第一百条规定，全国人大专门机构在对地方性法规进行合法性审查中发现存在问题时，可以向制定机关提出审查意见。现行《立法法》的首要问题就是，没有明确赋予中央立法审查的责任。全国人大专门机构的审查权用"可以"来表述，意味着这一权力之行使具有选择性，中央相关机构也可以不提审查意见，缺乏严格的审查要求，就难以保证审查的质量。在没有法律的规制下，地方立法脱离中央监管，所立之法存在问题的概率也就大大增加。2014年举行的十二届全国人大常委会第十二次会议提出，应当建立和完善立法主动审查机制，有全国人大代表提出应将目前立法中的"可以"改为"应当"，将这一权力予以强化。① 其次，中央被动审查的直接后果就是，法条存在的问题经过层层过滤、层层转述，到达中央层面时未必能反应，就弱化了中央与地方立法机关之间的联系。

2. 责任后果规定不明

法律中仅规定地方立法不得与宪法和法律相抵触，不得与上位法相违背，满足此种要求者省级人大常委会就应当批准，并未规定没有通过合法性审查的地方性法规应当作何处理。由此规定可以推定，对于未通过合法性审查的地方性法规只需承担不通过的后果，可以一次次地不断修改提交申请，或者放弃该项立法。中央审查不符合合法性原则的后果是，可以召开审查会

---

① 法制日报：《建立完善立法主动审查机制》，载中国人大网，2015年2月18日，http://www.npc.gov.cn/zgrdw/npc/xinwen/lfgz/2015-02/24/content_1905166.htm.

议，要求制定机关到会说明情况。这样的责任后果规定不明，其直接后果就是，立法机关制定法律时草草了事，抱着完成指标的心态，甚至过度追求部门利益。由于部门规章由有关部门制定，不需要上级法制机构的审查，并且不需要对因违法被拒绝的后果承担相应责任，也就脱离了中央的监管，导致目前我国部门规章的立法中存在严重部门化倾向，相关的立法数量不断增加，更加重了这一现象。①

（二）立法后评估具有滞后性

审查常出现在问题之后。2016 年 5 月出台的《佛山市制定地方性法规条例》规定，在地方性法规实施两年后，有关的工作机构可以组织对地方性法规或者地方性法规中有关规定进行立法后评估。虽然立法效果要通过实践检验，但在法律实施前多加监控更为重要，完全依赖于事后评估难免本末倒置。

不过，立法后评估本身的价值值得重视。早在 20 世纪 70 年代，德国就意识到了立法评估的重要性，尝试立法后评估的制度化和程序化，随后欧盟也对这一制度进行了探索，立法质量评估制度也得到了长足的发展，在 2001 年，联邦内政部门正式编写《立法效果评估手册》和相关的专业手册。② 立法后评估实质上是对法律法规的价值考核，从立法者的主观情感向法律实际效果的转变，是从主观到客观的过渡，分析实证主义法学派代表人物凯尔森对此种方法进行了论述，他反对以所谓的客观、普遍的价值或原则评价法律，意识形态或者法律文明都有可能在漫长的时间跨度内不断改变其价值，唯有社会实效是客观存在的，也只有这种实效能真正说服人。③ 为了应对立法质量评估，美国逐渐倾向于颁布"短期性"的法律，到期后进行再次审议，以此方式来控制立法质量。

对于我国来说，纠纷偏多的司法现状与追求稳定的社会心态决定了在短期内不断修改法律的成本要远远高于在立法过程中进行评估。中国传统法律文化重视实践，使得我们更崇尚以法规的实施效果来判断立法质量。这个实

---

① 王俊豪、胡飞、冉洁：《中国特色政府监管立法导向与法律制度体系》，载《浙江社会科学》2021 年第 1 期。
② 莫纪宏：《中国立法工作中的公众参与》（上），载中国法学网，http://www.iolaw.org.cn/showNews.asp?id=19481。
③ 孙晓东：《立法后评估的原理与应用》，中国政法大学出版社 2016 年版，第 7 页。

践标准正是立法后质量评估的哲学基础,也与中国传统文化的精神相契合。①立法后评估的缺陷是纠错容易滞后,导致不仅前期的立法工作白费精力,修正时也会耗费大量的人力物力。我国类似于立法前评估的政策是立法计划,但我国这种制度缺乏量化指标,不够规范。长期以来,各级人大常委会出于完成监督工作任务的考虑而进行执法检查,除此之外,对法规的实效缺乏跟踪。立法后评估的制度没有根本问题,只是缺少明确的、前置的中央审查规定,缺少及时发现并解决问题的机制与其相配套,以使立法活动获得最大程度的经济效益,避免滞后。

(三) 审查范围不详、标准单一

1. 对合法性审查范围规定不详

根据《立法法》第七十二条第二款的规定,省、自治区的人大常委会对报请批准的地方性法规进行合法性审查,如果不存在与宪法、法律等相抵触的情形,应当予以批准。第九十八条第二款规定,省级人大及其常委会和设区的市制定的法规需报请全国人大常委会和国务院备案。新《立法法》在审查方面的规定有以下三点值得注意:

其一,2015 年修订的《立法法》对地方性事物进行了详细列举,规定设区的市在不同上位法相抵触的前提下,可以对"城乡建设与管理""环境保护""历史文化保护"等方面的事项制定地方性法规。此处用"设区的市"代替了1982 年修正版《地方组织法》中的"较大的市",并代替了其中第二十七条规定的"本市需要的"这一立法范围。尽管新《立法法》将本市需要的事项详细列举,但是条文中还有一些兜底性规定,使得地方立法的权限可能超出所列举事项,实际情况仍以本市需要为限。其二,在备案审查规定中,赋予了全国人大常委会和国务院审查权,但根据我国宪法第六十七条之规定,只有全国人大常委会有权对宪法、法律进行解释,即国务院无权对报送的地方性法规以及宪法和法律进行相应解释。这就影响了备案审查的工作。② 其三,合法性的标准未包括在司法实践中时常被引用的司法解释,

---

① 俞荣根、刘艺:《地方性法规质量评估的理论意义与实践难题》,载《华中科技大学学报》(社会科学版) 2010 年第 24 期。
② 高文杰:《设区的市立法备案审查之逻辑理路与制度建构》,载《河南牧业经济学院学报》2019年第 32 期。

这也容易导致实际运行中的矛盾。这些情况都使得中央对地方性法规的合法性审查受到阻碍。因此中央或省级人大常委会对地方性法规的审查范围以及审查标准等都应更加明确具体，提升审查的效率。

2. 审查标准过于单一

新《立法法》第七十二条规定，只要地方性法规符合合法性要件，上级部门就应批准通过。此外，第九十六条也对改变或撤销地方法律文件的情形进行了规定，这些情形也是对法规规章制定程序和内容的合法性检验，其标准是"不抵触"。这实际上仅是一种形式性审查。它对法规内容是否符合民主性与科学性原则、是否体现宪法和上位法的精神皆在所不问。合法性要求恰恰是地方立法中最容易符合的，科学性和民主性的保障才能真正使地方创造出能够构建和谐社会的法规。因而审查标准需要注意其他方面。

首先，科学性的缺失。以《广州市母乳喂养促进条例》为例，本条例在合法性要件上并不存在与上位法相抵触的情形，但在科学性上有所欠缺。该条例第二十五条规定，公共场所建设单位没有按照规定建设母婴室的，可能面临二万元以上五万元以下的罚款。然而建设一个母婴室并不是腾空一个房间那样简单，还需要尿布台、暖气等辅助设备。这些设备的投入、维修和更新所耗费的人力物力与罚款金额相比不成比例。其次，地方立法还需要受到民主层面的审查。地方在制定条例时通常会发布一个征求意见稿，希望广大公民参与进来，但是大量公民在平台上提出意见且不乏反对声音时，地方立法主体未必会将民意反映到法规中。如果立法时公众参与不到位，起草部门就更加维护自己的部门利益，制定的法律很可能违背公众利益，这样的法律也难以得到认同。此外，公众集思广益，也能够保证立法的科学性。立法主体应该自觉追求立法的科学性和民主性，主体之外的监督审查也是必不可少的。来自中央的权威更能促使地方在立法时重视科学与民主的价值。

四、解决进路

（一）充分发挥司法机关的作用

对法律条文的书面审查只能筛除掉明显与其他法律相抵触的法规，但一些看似合情合理合法的规定只有在实践中才能发现问题。作为法律的实践机构，司法机关不失为一个合适的推动中央立法审查的主体。司法机关较专门的备案审查机关在立法识别、效率判断的过程中更加具有专业性和针对性。[1]法院每天审理各种类型的案件、适用各种不同的法律法规，需要分析法规与该案的契合度，在解释说明时，也就容易发现法规中的问题。

然而司法机关与立法机关是存在分工的，司法机关的职能并不包含对法律文件的审查权。因此，司法机关对于地方立法只能促进审查，不能破坏立法机关的权威和侵入立法职能。所以，当地方司法机关在实践中发现地方性法规及规章存在问题时，应当通过层层上报至最高人民法院或最高人民检察院，再由最高司法机关与全国人大常委会进行工作上的衔接，将立法审查的任务转移到立法机关手中。通过地方和中央、立法机关和司法机关的协作，使地方立法不仅在书面上，更在实践中得到完善。在互联网时代，数据传送具有即时性和广泛性的特点，地方与中央的资料传送和情况报备都可以通过网络快速到位。司法机关可以通过网络找到有关法规的立法草案、立法报告，能够更快地检索到法规的准确含义；立法机关也可以在网上查看法院的审理记录，更好地自查自省。信息共享的便捷手段也为央地立法审查提供了良好的技术条件。

（二）完善立法前后的审查规定

（1）在地方进行立法之前，应该有与审查结果相配套的制度。互联网已经渗透到生活的各个方面，作为世界上互联网普及率最高的国家之一，德国进行了专门的互联网监管立法。除了专门法律之外，德国还扩充修改了其他部门法来配合主体监管法的实施，以优化互联网监管的实际效果。这些相关立法在纵向上明确了各州和联邦的监管范围，横向上明确了监管部门的职责权限，其中关于责任划分及法律后果的规定都较为具体严格，为监管主体提供了清楚的行为指引。[2] 德国这一互联网监管的立法模式值得重视，对完善我国的中央立法审查制度有参考价值。首先，要明确中央和地方的审查职能和审查目标，协调双方的审查工作。应当尽早使中央参与地方立法，保证地方立法的民主性和科学性，以形成双方相互配合的机制，使立法审查的内在

---

[1] 封丽霞：《制度与能力：备案审查制度的困境与出路》，载《政治与法律》2018 年第 12 期。
[2] 黄志雄、刘碧琦：《德国互联网监管：立法、机构设置及启示》，载《德国研究》2015 年第 30 期。

联系完整顺畅；其次是能够完善与立法审查相互配合的其他法律规定，明确中央对审查行为的责任以及地方对被审查的法律的责任，通过法律之间的相互配合达到整个法律体系的协调统一。

（2）地方立法之后的备案审查也应进一步完善。首先，在备案审查中应该设置责任机制，规定处罚与赔偿，使审查能有所成效。其次，需要明确审查标准及内容。《立法法》中对备案审查的要求仅是"审查地方性法规是否与宪法、法律以及上位法抵触"，但享有这一审查权的国务院没有相应的法律解释权，应对这一事项进一步说明，使国务院能够致力于备案审查。除了对法规的合法性审查，还应重视科学性和民主性在审查中的地位，审查法规规章是否适当，合理性的审查不像合法性审查有固定的法律标准来衡量，虽然合理性判断依赖一定的个人观感，但仍可设置一些最低限度的标准，排除那些对社会没有贡献，甚至有负面影响的法规。完善地方立法前后的中央审查制度能够更好地使地方立法获得显著的社会实效。

（三）推动立法审查专业化

《立法法》规定，设区的市制定地方性法规由省级人大常委会审查通过。市是由省管辖的行政区域，应当由更高级别的主体进行监督，以保证审查的公平实效性。英国情报监控体系较为完善，但是其情报监控的监督主体独立性不足，依附于议会，行政色彩浓厚。[①] 因此联合国人权理事会特别报告员指出，一个有效的情报监督系统至少应包括一个独立于情报机构和行政部门的监督主体。[②] 这一情况对我国的立法审查体系也有启发意义。立法审查主体应当在利益上保持中立，以便更专业地开展审查工作，避免部门化倾向。

与省级人大相比，全国人大常委会作为全国人民的代表机关，更能避免审查中的利益偏好。并且全国人大作为最高权力机关，不容易因为谋求政绩或利益而偏离权力本质，能够更直观地让民众了解到地方立法的状况，可以将更多的审查权力和义务赋予中央机关。这就要求审查主体必须具有深厚的法律专业素养。首先，立法活动是一种法律实践，它要求立法审查机关具备

---

① 吴常青、王方倩：《英国大规模情报监控监督制约的新进展及其借鉴》，载《情报杂志》2021年第6期。
② European union agency for fundamental rights. Surveillance by intelligence services: Fundamental rights safeguards and remedies in the EU volume II: Field perspectives and legal update[EB/OL]. [2018 - 12 - 21]. https://fra.europa.eu/en/publication/2017/surveillance - intelligence - socio - lega.

高度的法律素养，能够及时发现与法律体系相抵触的条文、与法律价值不符的规定；其次，立法活动也是政治活动，反映的是当前政策的价值取向和政治追求。因此，只有充分了解我国政治体系构造的人士才能胜任；最后，立法还存在大量技术性问题，条文用语是否适当，前后逻辑是否连贯，都需要符合立法技术的要求。只有审查主体具有高度专业性，才能不被利益驱使，圆满完成地方性法规的审查工作。

五、结语

在全面依法治国总体格局中，法治监督是一个重要方面，也是习近平法治思想中的重要内容。2020 年 11 月 16 日至 17 日，中央全面依法治国工作会议在北京召开，习近平总书记在会上发表重要讲话，他指出，"我国是单一制国家，维护国家法治统一至关重要"。党的十八届四中全会审议通过的《中共中央关于全面推进依法治国若干重大问题的决定》要求，"加强备案审查制度和能力建设，把所有规范性文件纳入备案审查范围，依法撤销和纠正违宪违法的规范性文件，禁止地方制发带有立法性质的文件"。然而根据我国现有法律规定，中央对地方立法的审查不够完善，不够主动，仅以备案制度联系地方与中央的立法权。地方性法规及地方政府规章作为我国法治建设中的重要一环，需要由中央机关以其政治地位权威性、视角的广阔性以及法律制定主体的专业性进行审查，及时整改地方立法中损害法制统一或能反映全国性问题的规定。

（甘雯，华南理工大学法学院法学理论硕士研究生）